中国旅游发展年度报告书系
Annual Development Report of China's Tourism

中国入境旅游发展年度报告 2018

ANNUAL REPORT OF CHINA INBOUND TOURISM DEVELOPMENT 2018

中国旅游研究院

北京·旅游教育出版社

责任编辑：郭珍宏

图书在版编目（CIP）数据

中国入境旅游发展年度报告. 2018 / 中国旅游研究院著. -- 北京：旅游教育出版社，2018.7
　ISBN 978-7-5637-3798-7

　Ⅰ.①中… Ⅱ.①中… Ⅲ.①旅游客源－研究报告－中国－2018 Ⅳ.①F592.6

　中国版本图书馆CIP数据核字(2018)第166167号

中国入境旅游发展年度报告2018
中国旅游研究院　著

出版单位	旅游教育出版社
地　　址	北京市朝阳区定福庄南里1号
邮　　编	100024
发行电话	（010）65778403　65728372　65767462（传真）
本社网址	www.tepcb.com
E - mail	tepfx@163.com
排版单位	北京旅教文化传播有限公司
印刷单位	北京中科印刷有限公司
经销单位	新华书店
开　　本	787毫米×1092毫米　1/16
印　　张	7.625
字　　数	102千字
版　　次	2018年7月第1版
印　　次	2018年7月第1次印刷
定　　价	50.00元

（图书如有装订差错请与发行部联系）

《中国入境旅游发展年度报告 2018》
编辑委员会

主 任 委 员
戴　斌

编　　　委（按姓氏音序排序）
戴　斌　何琼峰　蒋依依　李仲广　马仪亮
宋子千　唐晓云　吴丰林　吴　普　杨宏浩

《中国入境旅游发展年度报告 2018》
编写组

主　　编
蒋依依　中国旅游研究院国际旅游研究所所长、博士
执 行 主 编
李创新　中国旅游研究院国际旅游研究所副研究员、博士
成　　员
杨劲松　杨丽琼　宋慧林　戴慧慧　张佳仪　拓　倩
蔡　凤　邓　宇　周　敏　刘文春　谢文萱　岳正明
乌日力嘎

创新旅游推广机制，讲好新时代的中国故事

——序《中国入境旅游发展年度报告2018》

在不久前的博鳌亚洲论坛上，习近平主席发表主旨演讲："今天，中国人民完全可以自豪地说，改革开放这场中国的第二次革命，不仅深刻改变了中国，也深刻影响了世界！""我要明确告诉大家，中国开放的大门不会关闭，只会越开越大！"

回顾改革开放四十年来波澜壮阔的历史进程，入境旅游相伴始终，见证了时代变迁。经历了20世纪80年代的光辉岁月、90年代的成长壮大、进入21世纪后"非典"和金融危机的冲击后，2015年显现了筑底回升的迹象，一代又一代入境旅游工作者付出了无尽的才情与努力，终于迎来了复苏增长的新阶段。40年来，你们有过举国瞩目的骄傲，也有过边缘坚守的寂寞，却从来没有放弃这一份事业。在此，请允许我向所有为了共和国的旅游业发展、向全世界推广美丽中国的旅游人道一声：辛苦了！并致以崇高的敬意！

下面我就当前入境旅游市场现状、今后一个时期入境旅游发展和重点工作，向大家报告一些个人的研究结论。

一、入境旅游市场基本面：稳步进入回升通道，基础支撑有待夯实

2017年中国入境旅游市场状况可以用两句话来概括：稳步进入回升通道，基础支撑有待进一步夯实。这既是对宏观数据研判的结果，也是对市场特征综合把握的结论。从数据上看，2017年入境旅游人数约为1.39亿人次，同比增长0.8%，其中外国人入境市场同比增长3.6%，一带一路沿线国家活跃度明显上升。相关数据证实了我们在年初和之前做出的预测，中国入境旅游市场特别是外国人入境旅游市场进入到恢复增长的新通道和总体回升的新阶段。

如果以更宏大的视野和比较视角来看，我们必须清醒地认识到，入境市场的基础还有些薄弱，关键支撑还不够稳固。2017年，全球国际旅游市场增长率达到7%，即使只用外国人入境市场的增长率与之对比，中国也只勉强达到国际市场增速的一半。与6.9%的GDP增速和14.2%的进出口总额增速相比，入境旅游市场的增速明显偏低。与7%的出境旅游增速相比，入境旅游只是微弱的正增长。

二、入境旅游市场未来观：有持续增长的市场空间，但是受制更加复杂的外部环境和有待培育的内生动力

国家综合实力上升和总体形象向好是发展入境旅游的全新动力，也是文化自信的现实基础。随着人民幸福、民族复兴的中国梦越来越成为现实，我们的旅游吸引力在美丽风景和多彩文化基础上，又增加了经济社会发展的当代成就。美好生活已经成为优质旅游新动力，这个观点对国内市场成立，对国际市场同样成立。越来越多的来华客源开始选择上海、深圳、北京、广州、苏州、厦门、成都、重庆等发达城市作为目的地，还有不少游客来中国购物、休闲、度假、研学和治病疗养。过去中国主要是靠差异化吸引游客，现在开始靠美好生活和品质服务吸引游客。从这个意义上说，当代中国的发展成就，将会成为拓展入境市场日益显化的吸引力要素，也是展示文化软实力、彰显国家影响力的重要载体。新时代的入境旅游工作既需要着力吸引欧美日韩澳等发达国家的游客，同时也要关注"一带一路"沿线国家、金砖国家、发展中国家的新兴客源。

"一带一路"倡议得到了越来越多国家和地区的认同和响应，加上基础设施的互联互通和国家交往的民心相通，必将有效扩大入境旅游的市场空间。文化和旅游的进一步融合发展，也会助推非传统旅游资源的成长，对入境市场形成新的吸引力。根据中央深改委的部署，国务院批准设立满洲里和防城港两个边境旅游试验区，正在与有关国家研商跨境旅游合作区。海南自由贸易区与自由贸易港，会在签证便利化、新增航线和产业开放等方面有大的突破。加上更大范围、更深程度的体制改革与机制创新，都在为入境旅游营造有利的发展环境。中国旅游研究院一直致力于签证便利化、离境退税、航权开放等旅行相关政策的前瞻性探索，一直致力于美丽风景、美好生活、主客共享空间的系统性研究和市场转化实践。我们欣喜地看到与入境旅游相关的政府部门、研究机构、市

场主体，特别是目的地推广与营销机构已经开始协同发力，包括这次和谷歌中国的深度合作，都将构成入境旅游发展的基础支撑和全新动力。

与此同时，我们同样不能回避入境旅游发展进程中所面临的复杂局面，以及有效创新能力不足的现实问题。

国际旅游目的地竞争必然会进一步加剧，贸易保护主义导向的入出境政策可能会增长。周边国家和地区开始以高质量的产品、高品质的服务和便利化的入出境条件，遂行国家意志、促进国际旅游持续增长的主要抓手，这无疑会加剧入境旅游的竞争压力。还有一些国家出台增收入境税或离境税的政策，试图将更多的客源和消费留在境内。这些政策从局部、短期来看，似乎是合理的，但是从全局、长期的战略视角看，不仅违背了世界旅游发展的宗旨与目标，而且可能引发更多目的地国家与地区仿效，将对国际旅游的持续发展造成不可预计的负面影响。我们不能不警惕，不能不反对。

对日本等15个国家实施全民免签，与俄罗斯等6个国家实施团队互免签，北京、上海、广东、海南等地实施的72小时过境免签，标志着我国签证便利化近年来取得了很大成就。但是从全球范围来看，我国的签证政策仍然偏紧，签证及其附加服务费用仍然偏高。不时出现的雾霾天气让游客直呼"行程中看不见中国的美丽"，甚至被部分国际媒体列入全球旅游警告。国家形象、国家和地方旅游形象的统筹，国际旅游推广的体制机制还有待于进一步创新。外交、外宣、旅游、文化、商务、教育等部门之间的合力也有待于进一步整合。客观地讲，我们还不善于对外言说新时代的中国故事，有些时候还是在自说自话，打动不了潜在客源，特别是年轻人群体。除了整个国家和少数城市具有较高的国际知名度以外，多数旅游城市，特别是新兴旅游目的地的知名度还没有在全球拓展开。

当然这并不是哪一个机构，哪几个人短期内就能够完全解决的问题，整个国家都还处在学习的阶段。但是我们只有正视这些问题，才能一步一步补齐短板，夯实基础，促进入境旅游健康、有序和可持续发展。

三、创新发展入境旅游是国家意志，更是旅游人的责任

当前和未来一个时期的入境旅游指导思想是：遂行新时代入境旅游发展的国家意志，进一步夯实入境旅游市场基础，稳步改善国际旅游环境，创新宣传

推广方式，讲好中国故事，培育市场主体，确保入境旅游持续增长。

我们要善于挖掘入境旅游市场的新潜力。将人民幸福、民族复兴和美好生活作为入境旅游发展的新动力。各国各地区的旅游竞争，已经从推广营销以争夺境外客源，逐步扩展到基础设施、商业环境和公共服务之间的全面竞争。为什么欧美日韩长期成为国际最主要的旅游目的地，特别是旅游消费中心，正是因为其美好的生活，以及完善的商业环境，能够让入境游客获得非常便利的旅行服务和质量更佳的旅行体验。我们要做好主要客源国以外的新兴客源国，特别是一带一路沿线国家，包括金砖国家、上合组织成员国等发展中国家的宣传推广工作，以新市场撬动新潜力。

我们要善于培育入境旅游新动力，尤其要把"中国梦"作为引领入境旅游发展的战略动力。"中国梦"是实现国家富强、民族振兴、人民幸福，实现从经济复兴到文明复兴的伟大梦想。"中国梦"的实现过程，是世界重新认识中国的过程。商业接待体系与公共服务体系的持续完善，将为入境旅游发展创造更好的外部条件，"望得见山、看得见水、记得住乡愁"的美丽中国将展现在世人面前。生活富足自信、城镇化发展和美丽乡村建设会让中国变得更有吸引力。调研表明，与时俱进、富有创新、充满活力的中国形象将对入境游客形成强烈的感召力。市场推广要从传统资源向当代生活转变，从封闭景点向旅游目的地转变，从波澜壮阔的宏大叙事向家长里短的生活方式转变。要用各种新兴的社交媒体，要从境外目的地游客的视角，以生动的故事与鲜活的人物为载体推广中国。

我们要善于让市场主体发挥新作用。当代中国旅游业发端于入境旅游，旅游服务接待系统也是围绕入境市场建设起来的。现在，很多旅游投资机构和旅行服务商的资源配置是围绕出境旅游业务展开的，无法支撑入境旅游的国家战略。什么是企业社会责任？自觉地服从和服务于国家战略，就是最大的社会责任。全国2万8千家旅行社，特别是国际旅行社，如果不能在入境旅游发展上跟国家战略保持一致，肯定是不合适的，也是需要行政主管部门积极引导的。

我们要善于运用文化和科技为入境旅游赋予新势能。科技发展和文化创意正在深刻改变着旅游的市场逻辑，入境旅游要充分利用现代科技，讲好中国故事。如何让境外游客更加便利地了解中国、进入中国，以及更加便利地消费，科技和文创要主动服务于这个目标。

我们要善于构建入境旅游市场增长新机制。加强对文化、旅游、外宣、商务，甚至教育等具备外宣职能的相关部委的统筹，将分散的力量整合起来，探索将入境旅游作为国家形象的重要载体。入境宣传推广要与相关的工作密切协调，相关工作要主动为入境旅游服务，时刻牢记入境旅游是旅游业发展重要的任务之一。

值此文化和旅游融合发展的新时代，我们必须清醒地认识：发展经济需要扩大入境旅游，文化自信需要依托入境旅游，创新宣传推广、讲好中国故事需要面向入境旅游。让我们行动起来，为了一个持续增长、优质发展的入境旅游新时代而努力奋斗吧。

中国旅游研究院院长、教授、博士

2018 年 5 月 22 日

目 录
CONTENTS

导言　2017年中国入境旅游市场概况与2018年发展趋势 ……………… 1

第一章　2017年中国入境旅游市场发展状况 ……………………………… 11
　　第一节　2017年中国入境旅游市场的总体状况 …………………… 12
　　第二节　2017年中国入境旅游市场的结构状况 …………………… 15

第二章　2017年全球视野下的中国入境旅游 ……………………………… 21
　　第一节　2017年全球范围内的入境旅游发展状况 ………………… 22
　　第二节　2017年中国主要客源国的客源产出状况 ………………… 28

第三章　2017年中国入境旅游的流向与路径 ……………………………… 45
　　第一节　典型城市入境旅游客流的流向 …………………………… 46
　　第二节　典型城市入境旅游客流的路径 …………………………… 63

第四章　2017年中国入境旅游市场的需求状况 …………………………… 81
　　第一节　入境游客的人文统计特征 ………………………………… 84
　　第二节　入境游客的消费决策影响因素与决策特征 ……………… 87

第三节　入境游客的消费结构与消费评价 ································· 93

第五章　中国入境旅游发展趋势与建议 ································· 99
　　第一节　中国入境旅游发展的趋势预测 ································· 100
　　第二节　中国入境旅游发展的对策建议 ································· 103

后　记 ··· 107

导言

2017 年中国入境旅游市场概况与 2018 年发展趋势

一、入境旅游市场继续增长，客源市场结构调整优化

入境旅游市场持续增长，外国客源市场增幅显著，港澳台客源市场继续回升。2017年我国接待入境游客13 948.24万人次，同比增长0.8%，规模总量创下历史新高。其中，接待旅华外国游客2916.53万人次，同比增长3.60%，规模总量同样创下历史新高。大陆（内地）接待港澳台入境游客回升至11 031.71万人次，同比增长0.02%，规模总量也达到历史新高。

外国客源市场出现回升，港澳台客源市场主力地位依然稳固。入境客源市场结构失衡态势持续，来自港澳台的客源市场依旧是入境旅游市场的主力军，占全部市场份额的79.09%。2017年我国共接待入境游客13 948.24万人次，其中，接待香港同胞7979.59万人次，占全部入境市场份额的57.21%，同2016年相比份额下降1.34%；接待澳门同胞2465万人次，占全部入境市场份额的17.67%，同2016年相比份额上升0.70%；接待台湾同胞587.13万人次，占全部入境市场份额的4.21%，同2016年相比份额上升0.07%；接待外国游客共计2916.53万人次，占全部入境市场份额的20.91%，份额上升0.58%。

主要客源国构成略有调整，"一带一路"眼线国家活跃度上升。从入境外国游客的客源构成来看，2017年接待缅甸游客965.55万人次，占入境外国游客总量的22.50%，排名从第四上升至第一；接待越南游客654.42万人次，占入境外国游客总量的15.20%，排名第二；接待韩国游客385.49万人次，占入境外国游客总量的9.00%，排名从第一下降到第三；接待日本游客268万人次，占入境外国游客总量的6.20%，排名下降至第四；接待俄罗斯游客234.46万人次，占入境外国游客总量的5.50%，排名从第六上升至第五；接待美国游客230.93万人次，占入境外国游客总量的5.40%，排名从第五下降到第六。缅甸、越南、韩国、日本、俄罗斯、美国合计向中国大陆输送游客2738.85万人次，占我国接待入境外国游客总量的63.80%，超过六成的入境国际客源市场主要集中在这六大客源国。缅甸、越南、韩国、日本、俄罗斯、美国、蒙古、马来西亚、菲律宾、新加坡合计向中国大陆输送游客3258.61万人次，占我国接待入境国际游客总量的75.90%，接近八成的入境国际客源市场主要集中在这前十大客源国。

二、全球国际旅游呈现持续增长态势，新兴经济体国家持续发力

全球国际旅游持保持稳步增长态势。尽管受到世界经济与金融危机等负面因素的影响，全球国际旅游基本保持稳步增长。根据联合国世界旅游组织（UNWTO）公布的最新数据显示，2017年全球接待的入境游客总量达到13.22亿人次，同比增长了7.00%。

欧洲、亚太、美洲继续保持国际三大旅游热点地位。在国际旅游人数的地区结构中，欧洲共接待入境游客6.71亿人次，所占比例最大，高达50.76%，其次是亚太（3.24亿人次，24.51%）和美洲（2.07亿人次，15.66%），而中东和非洲所占比例最小，仅分别为0.62亿人次，4.69%和0.58亿人次，4.39%。

国际旅游客流向北非地区、南欧／地中海地区的流动加速。从全球入境旅游客流分布来看，2017年全球各地区总体呈增长态势，其中以北非地区和南欧／地中海地区涨势最强，分别为13.4%和12.6%。此外，南亚、东南亚、南美等地区的涨势也较好，分别为10.4%、8.3%、6.7%。

欧洲地区接待入境游客数量增长显著。2017年欧洲地区共接待国际游客6.71亿人次，比2016年增加5180万人次，整体涨幅为8.4%。其中，南欧／地中海地区增长12.6%领涨全球，北欧地区增加5.1%，中／东欧地区增长5.0%，西欧地区增长6.6%。

亚太地区的入境游客接待量增速趋稳。2017年亚太地区接待的国际游客数量增速趋稳，共接待入境国际游客3.24亿人次，比2016年增加1790万人次，整体涨幅为5.8%。其中，太平洋地区接待国际游客数量的涨幅为6.5%，南亚地区涨幅为10.4%，东北亚地区和东南亚地区涨幅均为3.2%，东南亚地区涨幅为8.3%。

美洲地区的入境游客接待量增速趋稳。美洲地区国际游客接待量从多到少依次为北美、南美、加勒比地区、中美，北美为美洲国际游客的主要接待区域。2017年美洲地区共接待国际游客2.07亿人次，比2016年增加580万人次，整体涨幅为2.9%。其中，南美地区接待国际游客3620万人次，同比增长6.7%；加勒比地区接待国际游客2630万人次，同比增长4.1%；中美地区接待国际游客1110万人次，同比增长3.7%；北美地区接待国际游客1.33亿人次，同比增长1.6%。

北非地区接待入境游客数量增长明显。2017年非洲地区共接待国际游客6210万人次，比2016年增加450万人次，整体涨幅为7.8%。其中，北非地区接待国际游客2410万人次，增长13.4%，增速十分显著；撒哈拉以南非洲地区接待国际游客4070万人次，增长5.1%。

2017年中东地区接待国际游客数量约为5830万人次，同比下降约4.8%。

发达经济体与新兴经济体之间的差异有渐小趋势，新兴经济增速提升明显。近年来，新兴经济体的入境旅游人数正在逐步增加，但增幅却明显低于发达经济体，与发达经济体之间的差距反而在逐渐扩大，而2017年新兴经济体的入境旅游规模增速明显，与发达经济体间的差距有逐渐缩小的趋势。2000年，发达经济体与新兴经济体的入境旅游人数的差异为1.74亿，而2012年，发达经济体与新兴经济体的入境旅游人数的差异已缩减至0.78亿。之后几年中这种差异却逐年扩大，到2016年发达经济体与新兴经济体的入境旅游人数的差异为1.32亿，2017年这一趋势得以放缓，发达经济体与新兴经济体之间的差异缩小到1.27亿。

全球入境旅游客流向新兴经济体国家流动略有回升。2017年新兴经济体入境旅游人数同比增长率为7.9%，发达经济体入境旅游人数的同比增长率为5.7%，这是自2014年以来，新兴经济体入境旅游人数同比增长率首次超过同期发达经济体入境旅游人数的同比增长率，国际旅游客流向新兴经济体国家的流动速度高于向发达经济体国家的流动速度。

三、入境客流扩散的等级性与近程性特征显著，客流扩散的路径持续多样化

入境客流扩散的等级性与近程性特征依然显著。由于受到旅游资源、地方知名度、空间距离、旅行费用等多重因素的影响，入境客流的扩散依然呈现出典型的"等级性"与"近程性"特征。北京市超过74%的入境游客扩散至天津、上海、西安等一线城市、旅游资源同样丰富的城市或者邻近省会城市，入境游客以北京为节点向其他城市扩散主要集中在五个方向：东北向、东南向、西向、西南向、南向。上海市超过54.70%的入境游客扩散至北京、杭州等一线城市或者旅游资源十分丰富的热点旅游城市，入境游客以上海为节点向其他城市扩散主要集中在五个方向：北向、南向、西向、西北向、西南向。广州市超过56.80%的入境游客扩散至深圳、珠海、中山、佛山、香港等邻近的特色旅游

城市，入境游客以广州为节点向其他城市扩散主要集中在四个方向：省内、北向、西北向、东北向。西安市超过56.80%的入境游客扩散至北京、上海、咸阳、延安等一线城市、省会城市或者旅游资源十分丰富的城市，入境游客以西安为节点向其他城市扩散主要集中在五个方向：东北向、北向、西南向、南向、东向。成都市超过66.1%的入境游客扩散至重庆、九寨沟、北京等直辖市、一线城市、省内邻近的特色旅游城市，入境游客以成都为节点向其他城市扩散主要集中在四个方向：东向、省内、东北向、东南向。重庆市超过78.20%的入境游客扩散至成都、贵阳、长沙、西安等邻近省会城市，或者邻近的热点旅游城市，入境游客以重庆为节点向其他城市扩散主要集中在五个方向：西向、东北向、东南向、东向、西南向。桂林市超过44.40%的入境游客扩散至重庆、杭州、南京等直辖市、省会城市和旅游资源十分丰富的城市，入境游客以桂林为节点向其他城市扩散主要集中在四个方向：北向、东向、东北向、西向。昆明市超过68.18%的入境游客扩散至桂林、重庆、贵阳、成都等邻近的直辖市、省会城市，或者旅游资源十分丰富的城市，入境游客以昆明为节点向其他城市扩散主要集中在四个方向：东向、东北向、北向、东南向。沈阳市超过80.81%的入境游客扩散至北京、大连、长春等一线城市、邻近省会城市，以及省内的热点旅游城市，入境游客以沈阳为节点向其他城市扩散主要集中在四个方向：南向、西向、东北向、西南向。

入境客流扩散的路径持续多样化。伴随入境旅游市场规模的发展壮大，入境客流扩散的路径持续多样化，新的扩散路径日益成长起来。入境游客以北京为节点有25条主要扩散路径，其中，以向东北方向的扩散路径"北京→天津"最具代表性。入境游客以上海为节点有25条主要扩散路径，其中，以向北方向的扩散路径"上海→北京"最具代表性。入境游客以广州为节点有20条主要扩散路径，其中，以向省内的扩散路径"广州→深圳"最具代表性。入境游客以西安为节点有25条主要扩散路径，其中，以向东北方向的扩散路径"西安→北京"最具代表性。入境游客以成都为节点有25条主要扩散路径，其中，以向东方向的扩散路径"成都→重庆"最具代表性。入境游客以重庆为节点有24条主要扩散路径，其中，以向西方向的扩散路径"重庆→成都"最具代表性。入境游客以桂林为节点有20条主要扩散路径，其中，以向北方向的扩散路径"桂林→重庆"最具代表性。入境游客以昆明为节点有20条主要扩散路径，其中，以向东方向的扩散路径"昆明→桂林"最具代表性。入境游客以沈阳为节点有20

条主要扩散路径，其中，以向西南方向的扩散路径"沈阳→大连"最具代表性。

四、入境游客的主要旅行目的是游览观光以及休闲度假，入境旅游服务的部分短板依然存在

入境旅游的市场主体结构相对稳定。入境游客的性别比例基本回归常态；25~44岁的游客为入境旅游市场的主力，超过入境游客总数的75%；大学本科、大学专科、硕士及以上学历的入境游客人数比例最高，合计超过入境游客总数的85%；入境游客中，各职业分布相对去年比较均匀，卫生、社会保障和社会福利业从业者以及教育从业者占比最高，合计超过游客总数的15%；入境游客主要为中高收入人群，个人月收入在3001~5000美元、5001~8000美元的人群，所占比例合计接近超过游客总数的五成。

入境游客的主要目的是游览观光以及休闲度假，消费决策特征变化不明显。入境游客中首次到访中国的游客明显多于多次到访中国的游客；从入境游客出游目的来看，游览/观光和休闲/度假是主要的旅华目的。网站/BBS/论坛和报纸/杂志/书籍是最主要的信息来源，有51.70%的游客出游前会通过网站/BBS/论坛获取目的地的旅游相关信息，有47.10%的游客出游前会通过报纸/杂志/书籍获取旅游信息；出游前入境游客主要会了解旅游交通/天气等生活信息、旅游景区接待情况、旅游产品和服务介绍、特色文化娱乐活动等旅游信息；在选择目的地以及旅游景点时，旅游地交通是游客最为关注的问题，其次是旅游地吸引力，旅行安全和旅行费用也是较为影响入境游客目的地选择的因素；在出游伴侣的选择方面，约有27.00%的入境游客选择和家人一起出游，同时也约有27.00%的入境游客选择和好友结伴出游；入境游客主要的游览项目集中在文物古迹、文化艺术、山水风光、美食烹调，所占比例分别为52.50%、48.00%、43.50%、38.50%；在景点数量的选择方面，45.60%的入境游客参观游览了6~9个旅游景点，具有最高的代表性；在华停留时长方面，39.70%的入境游客在华停留8~15天，最具代表性；在住宿选择方面，中等价位酒店（二星、三星酒店及同级酒店）成为入境游客的首选项。

入境游客的消费水平依然偏低。从入境游客人均消费的总体结构来看，消费水平依旧偏低。入境游客人均消费呈现典型的正态分布特征，中间大，两头小。超过80%的入境游客消费集中在1001~5000美元，另有5.10%的入境游

客消费501~1000美元，有4.00%的入境游客消费在500美元以下，消费超过5000美元的有8.10%；从消费项目来看，38.20%游客表示文化娱乐是其最大的消费项目。

入境游客的消费评价整体较好，但部分短板依然存在。入境游客对各方面的评价整体较好。无论目的地总体形象、城市建设、城市管理、公共行业服务还是窗口服务，游客对其评价均值基本皆在8.9分以上。但相对而言，仍有部分服务短板存在，如城市建设中的空气质量、卫生设施，公共行业服务中的工业旅游、供水和水质、农业现代化、自驾车、互联网覆盖、手机信号覆盖、长途客运，其得分分别为8.75、8.80、8.81、8.82、8.83、8.84、8.84，低于平均水平。

五、中国入境旅游发展趋势分析

就发展阶段而言，入境旅游当前正处于从全面恢复转向持续增长的新阶段。当前中国入境旅游市场整体趋稳向好，全球经济整体复苏的势头也渐趋明朗，为中国入境旅游市场持续增长提供了有效的外部支撑。综合多项数据指标来看，近年来中国入境旅游市场虽有起伏，但整体上已走出金融危机后的萧条期，当前正处于从全面恢复转向持续增长的新阶段。

就发展环境来看，中国入境旅游依然面临来自外部和内部的诸多困难和挑战。从外部因素来看，当前全球范围内的金融危机和经济萧条仍未结束，外部经济运行的负面效应大大降低了国际旅游需求的转化率。从内部因素来看，中国潜在的旅游资源优势未能充分转化为入境旅游市场所需的产品与服务，以及基础设施和综合服务配套的相对不足，仍然制约着中国入境旅游市场的发展。此外，中国入境旅游对外宣传推广工作的市场化程度与有效性有待进一步提升。以上因素均在一定程度上均制约了中国入境旅游市场的快速发展。

就市场规模而言，预计入境旅游市场有望全面恢复。就当前我国入境旅游市场的发展趋势来看，在一系列现实因素的积极推动下，以及在国内旅游市场环境不断改善的背景下，预计2018年我国入境旅游市场将继续保持稳步复苏的势头，进入全面恢复的发展通道。

就发展模式而言，从过往团队接待的封闭型转向更加多元开放已成主流趋势。随着中国对外开放步伐的加快，中国旅游业的发展期待着以入境旅游为突破口启动新一轮的对外开放，国内外旅游市场的一体化进程将进一步加快，与国际市场、国际规则、国际水平也将进一步接轨。今后，中国老百姓兼容传统与时尚的生活方式将成为最强有力的旅游吸引物，会有越来越多的入境游客认识到：中国不仅是一个具有悠久历史的文明古国，而且是一个开放包容的现代化大国。

就市场竞争而言，更加便利的旅行服务和更好的旅行体验的重要性进一步上升。近年来已有越来越多的国家和地区以强化海外宣传促销、签证便利化、购物免退税、航权开放、廉价航线、区域合作深化、多语种服务等各种方式全面深入参与国际旅游市场竞争与客源市场争夺。为了能从日趋激烈的国际旅游竞争中胜出，各国政府无不积极作为，中国也需应时而动积极作为。让入境游客收获更加便利的旅行服务和更高的旅行体验，将成为中国入境旅游下一阶段充分参与国际竞争的工作重点。

从发展趋势来看，2018年中国入境旅游游持续稳步增长。基于中国入境旅游目前的发展趋势，并结合内外部环境综合研判，在不出现不可预测事件的情况下，预计全年中国入境旅游的市场规模有望实现1%左右的持续稳步增长，旅游外汇收入有望实现3%左右的持续稳步增长。

六、中国入境旅游发展对策建议

围绕"美丽中国"整体旅游形象，包装好宣传好旅游推广对象。围绕"美丽中国"整体旅游形象，发挥各地资源优势，把具有竞争力的品牌和产品推向境外目标市场。包装好宣传好代表性强的特色旅游产品和精品旅游线路，推出一批二三线城市、特色小镇和田园综合体，主动宣介创意旅游产品，重点开发以"美丽中国"为核心支撑的精品旅游线路。

加强网络互动营销，构建"互联网+"的境外旅游宣传推广体系。发挥网络营销交互性优势，积极运用各类网站、自媒体、社交媒体等媒介，把握境外市场目标群体兴趣点，通过造势与借势，制造并引导公众话题，加强传播主体与客体的互动，引进GDS、在线旅游代理机构、网红营销、社交平台特效营销、直播（全景）营销等线上营销方式结合游客体验中心、新科技（虚拟现实、增强现实、混合现实）等线下营销方式，着力构建"互联网+"境外旅游宣传推广体系。

创新目的地宣传推广理念，将宣传推广工作延伸至旅游全过程。将目的地的旅游宣传从旅游景区景点的单一要素拓展至旅游公共服务信息、旅游便利化政策、旅游安全保障等一揽子信息的整合传递。鼓励全方位整合线上线下营销渠道，以社交媒体、外文官网作为宣传推广创新的重要载体和突破口，提高目的地与游客的黏性、购买转化率，实现与游客的良性互动。

充分挖掘大国旅游资源优势，打造国家精品旅游带和跨国精品旅游线路体系。重点打造丝绸之路旅游带、长江国际黄金旅游带、黄河华夏文明旅游带、长城生态文化旅游带、京杭运河文化旅游带、长征红色记忆旅游带、海上丝绸之路旅游带、青藏铁路旅游带、藏羌彝文化旅游带、茶马古道生态文化旅游带等10条国家精品旅游带，加强对新产品、新业态和中西部地区旅游的推介力度。重点打造丝绸之路跨国旅游线路、海上丝绸之路跨国邮轮旅游线路、中蒙俄边境跨国旅游线路、环北部湾滨海跨国旅游圈、茶马古道跨国旅游线路等5条国家精品旅游带，加强对"一带一路"沿线国家和地区、沿边和沿海地区，以及中西部地区旅游的推介力度。

在地方和区域试点经验的基础上，持续深入推进签证便利化。进一步优化入境游客来华邮轮旅游、自驾游等便利化政策与通关服务。在确保国家总体安全的大局下，面向主要客源市场，特别是"一带一路"沿线国家和地区游客，扩大免签或落地签证的覆盖范围，依法扩大符合条件的口岸开展入境游客签证业务范围，在自贸区等改革试验区率先对免签、落地签证、电子签证等多种形式的签证政策措施进行突破。针对不同类型的入境游客，实施差异化的签证政策。加强签证便利化政策措施的对外宣传。

重视入境旅游不平衡不充分发展的突出问题，加强空中航线与旅游交通体系建设。配合过境免签政策，探索在部分重点入境旅游目的地开放第五航权。面向"一带一路"沿线国家与重点入境客源市场，积极扶持和培育直航航线航班。支持中西部地区和东北地区支线机场建设与廉价航空航线发展。结合航权开放与航线增设，开发针对国际市场的"一程多站"旅游产品。

进一步推广离境购物退税政策，扩展购物退税业务试点地区与城市。做好购物退税政策创新与试点实施的顶层设计与进一步推广。扩展购物退税业务试点地区与城市，特别是入境游客较为集中的口岸城市、滨海城市、边境城市、商贸城市，以及自由贸易试验区等。推进试点地区与城市的互联互通，结合当前实施的过境免签政策，向着"任一口岸买，任一口岸退"的更高目标迈进。

围绕"一带一路"倡议，搭建旅游合作共同体与城市旅游合作机制。倡议成立"一带一路"国家和地区旅游合作共同体，探索建立"一带一路"沿线城市旅游合作机制，倡导成立"一带一路"沿线国际旅游城市推广平台，发挥节点城市的地缘优势和资源优势，加强节点城市之间的合作交流，推动沿线城市在旅游宣传推广、旅游产品和旅游线路开发、人才交流培训等方面的务实合作。加强市场合作，推动市场互换和客源互送。

促进边境旅游发展，推选一批"两区"建设的典型区域与口岸。基于地理位置及已有的经贸联系，推选跨境旅游合作区和边境旅游试验区（简称"两区"）建设的典型区域，总结管理方式、项目建设、利益分配等方面经验，形成示范效应，以点带面全面推进"两区"建设。

促进旅游产业深度融合，加大新业态市场主体培育。在全域旅游发展战略指导下，切实推动从封闭的旅游自循环向开放的"旅游+"融合发展方式转变。加强旅游与教育、农业、林业、工业、商贸、金融、文化、体育、医药、科技等产业的融合力度与深度，创新旅游业态。充分利用科技工程、科普场馆、科研设施等发展科技旅游，通过深化改革，联动和整合不同产业，形成新的产业形态和供给侧体系，深化入境旅游市场的供给侧改革。

第一章

2017 年中国入境旅游市场发展状况

第一节 2017年中国入境旅游市场的总体状况

一、入境旅游市场持续稳步增长

2006—2017年,入境游客的规模总量持续波动,入境游客数量的增长率随之也呈现反复波动变化的典型特征。2006年接待入境游客12 494.2万人次,同比增长3.87%;2007年接待入境游客13 187.33万人次,同比增长5.55%;2008年接待入境游客减少至13 002.7万人次,同比降低1.40%;2009年接待入境游客减少至12 647.59万人次,同比降低2.73%;2010年接待入境游客回升至13 376.22万人次,同比增长5.76%;2011年接待入境游客进一步升至13 542.36万人次,同比增长1.24%;2012年接待入境游客降至13 240.53万人次,同比降低2.23%;2013年接待入境游客进一步降至12 907.78万人次,同比降低2.51%;2014年接待入境游客降至12 849.83万人次,同比下降0.45%;2015年接待入境游客回升至13 382.04万人次,同比增长4.14%;2016年接待入境游客进一步升至13 844.38万人次,同比增长3.50%;2017年接待入境游客升至13 948.24万人次,同比增长0.80%,规模总量创下历史新高。

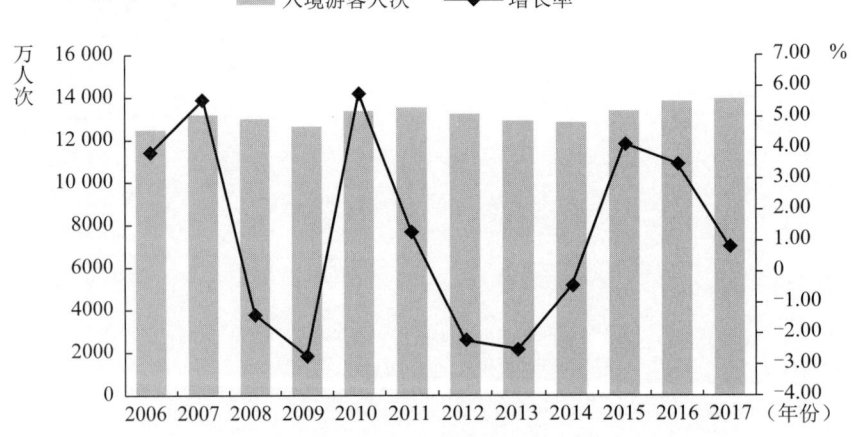

图1-1 2006—2017年入境旅游市场规模与增长情况

资料来源:中国旅游研究院。

二、入境旅游外国客源市场持续增长

2006—2017年，入境外国游客的规模总量呈现波动中逐步上升的发展趋势，入境外国游客数量的增长率呈现先升后降，再升再降再升的往返式变化特征。2006年接待入境外国游客2221.03万人次，同比增长9.65%；2007年接待入境外国游客增至2610.97万人次，同比增长17.56%；2008年接待入境外国游客降至2432.53万人次，同比降低6.83%；2009年接待入境外国游客进一步减少至2193.75万人次，同比降低9.82%；2010年接待入境外国游客回升至2612.69万人次，同比增长19.10%；2011年接待入境外国游客进一步增至2711.21万人次，同比增长3.77%；2012年接待入境外国游客再增至2719.16万人次，同比增长0.29%；2013年接待入境外国游客降至2629.03万人次，同比降低3.31%；2014年接待入境外国游客回升至2636.08万人次，同比增长0.27%；2015年接待入境外国游客回落至2598.54万人次，同比降低1.42%；2016年接待入境外国游客回升至2815.12万人次，同比增长8.30%；2017年接待入境外国游客进一步升至2916.53万人次，同比增长3.60%，规模总量同样创下历史新高。

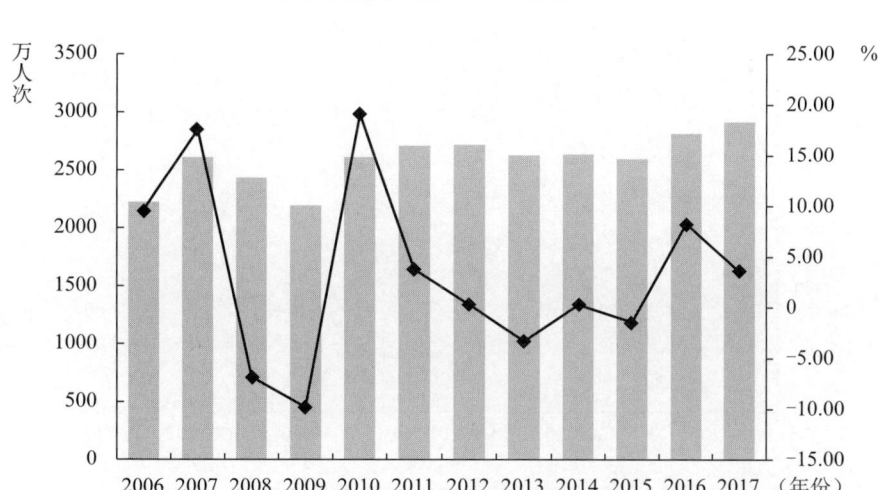

图1-2　2006—2017年入境旅游外国客源市场规模与增长情况

资料来源：中国旅游研究院。

三、入境旅游港澳台客源市场整体平稳

2006—2015 年,入境港澳台的游客总量呈现反复的波动趋势,入境港澳台的游客数量的增长率呈现先降后升再降再升的往返式变化特征。2006 年接待入境港澳台游客 10 273.18 万人次,同比增长 2.69%;2007 年接待入境港澳台游客增至 10 576.36 万人次,同比增长 2.95%;2008 年接待入境港澳台游客降至 10 570.21 万人次,同比降低 0.06%;2009 年接待入境港澳台游客进一步降至 10 453.84 万人次,同比降低 1.10%;2010 年接待入境港澳台游客回升至 10 763.53 万人次,同比增长 2.96%;2011 年接待港澳台入境游客进一步增至 10 831.15 万人次,同比增长 0.63%;2012 年接待港澳台入境游客回落至 10 521.37 万人次,同比降低 2.86%;2013 年接待港澳台入境游客进一步降至 10 278.74 万人次,同比降低 2.31%;2014 年接待港澳台入境游客再度降至 10 213.75 万人次,同比降低 0.63%;2015 年接待港澳台入境游客回升至 10 783.49 万人次,同比增长 5.58%;2016 年接待港澳台入境游客回升至 11 029.26 万人次,同比增长 2.28%;2017 年接待港澳台入境游客进一步升至 11 031.71 万人次,同比增长 0.02%,规模总量创下历史新高。

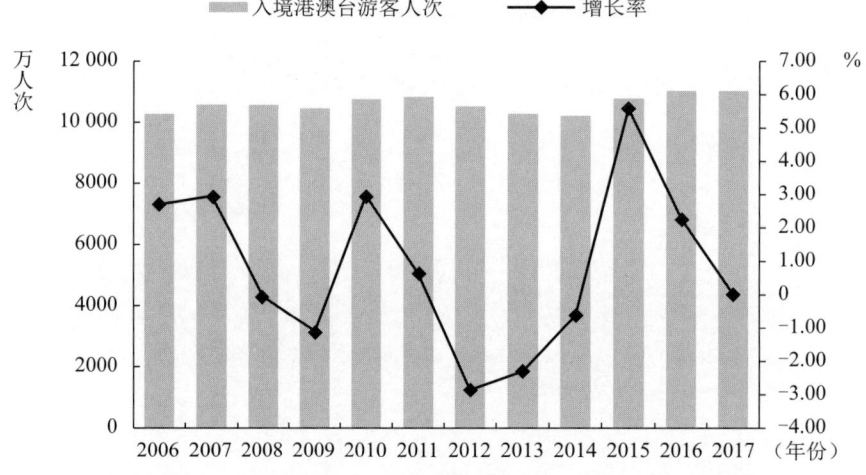

图 1-3　2006—2017 年入境旅游港澳台客源市场规模与增长情况

资料来源:中国旅游研究院。

第二节 2017年中国入境旅游市场的结构状况

一、外国客源市场份额持续回升，港澳台市场主力地位依然稳固

入境客源市场结构失衡态势持续，来自港澳台的客源市场依旧是入境旅游市场的主力军，占全部市场份额的79.09%。2017年我国共接待入境游客13 948.24万人次，其中，接待香港同胞7979.59万人次，占全部入境市场份额的57.21%，同2016年相比份额下降1.34%；接待澳门同胞2465万人次，占全部入境市场份额的17.67%，同2016年相比份额上升0.70%；接待台湾同胞587.13万人次，占全部入境市场份额的4.21%，同2016年相比份额上升0.07%；接待外国游客共计2916.53万人次，占全部入境市场份额的20.91%，同2016年相比份额上升0.58%。

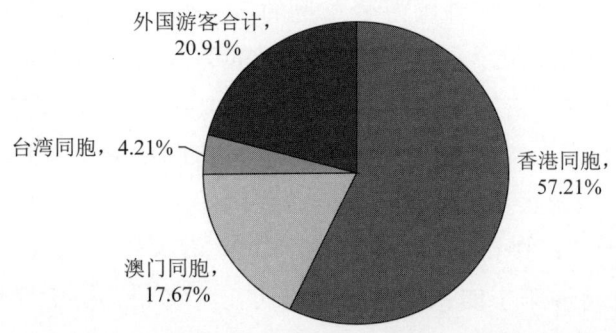

图1-4　2017年中国入境旅游主要客源市场结构状况

资料来源：中国旅游研究院。

二、主要客源国构成略有调整，"一带一路"沿线国家活跃度上升

从入境外国游客的客源构成来看，2017年接待缅甸游客965.55万人次，占入境外国游客总量的22.50%，排名从第四上升至第一；接待越南游客654.42万人次，占入境外国游客总量的15.20%，排名第二；接待韩国游客385.49万人次，占入境外国游客总量的9.00%，排名从第一下降到第三；接待日本游客268万人次，占入境外国游客总量的6.20%，排名下降至第四；接待俄罗斯游客234.46万人次，占入境外国游客总量的5.50%，排名从第六上升到第五；接待美国游客230.93万人次，占入境外国游客总量的5.40%，排名从第五下降到第六。缅甸、越南、韩国、日本、俄罗斯、美国合计向中国大陆输送游客2738.85万人次，占我国接待入境外国游客总量的63.80%，超过六成的入境国际客源市场主要集中在这六大客源国。

2017年紧随六大客源国之后的其他客源市场状况如下：接待蒙古游客186.4万人次，占入境外国游客总量的4.30%，排名保持在第七；接待马来西亚游客123.25万人次，占入境外国游客总量的2.90%，排名保持在第八；接待菲律宾游客116.09万人次，占入境外国游客总量的2.70%，排名保持在第九；接待新加坡游客94.02万人次，占入境外国游客总量的2.20%，排名保持在第十；接待印度游客81.9万人次，占入境外国游客总量的1.90%，排名保持在第十一；接待加拿大游客80.5万人次，占入境外国游客总量的1.90%，排名从第十三回升至第十二；接待泰国游客77.57万人次，占入境外国游客总量的1.80%，排名从第十二回落至第十三；接待澳大利亚游客73.37万人次，占入境外国游客总量的1.70%，排名保持在第十四；接待印度尼西亚游客68.08万人次，占入境外国游客总量的1.60%，排名从保持在第十五；接待德国游客63.41万人次，占入境外国游客总量的1.50%，排名保持在第十六；接待英国游客59.07万人次，占入境外国游客总量的1.40%，排名保持在第十七；接待法国游客49.37万人次，占入境外国游客总量的1.10%，排名保持在第十八。

缅甸、越南、韩国、日本、俄罗斯、美国、蒙古、马来西亚、菲律宾、新加坡合计向中国大陆输送游客3258.61万人次，占我国接待入境国际游客总量的75.90%，接近八成的入境国际客源市场主要集中在这前十大客源国。

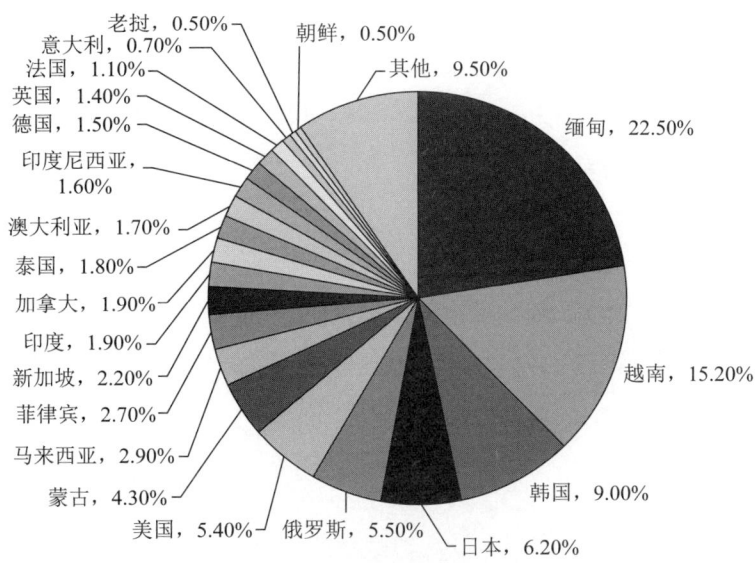

图 1-5　2017 年中国主要客源国的结构状况

资料来源：中国旅游研究院。

三、入境游客选择的交通方式分析

旅华外国游客中，39.99% 乘坐飞机入境，36.60% 徒步入境，15.96% 乘坐汽车入境，6.46% 乘坐船舶入境，1.00% 乘坐火车入境。

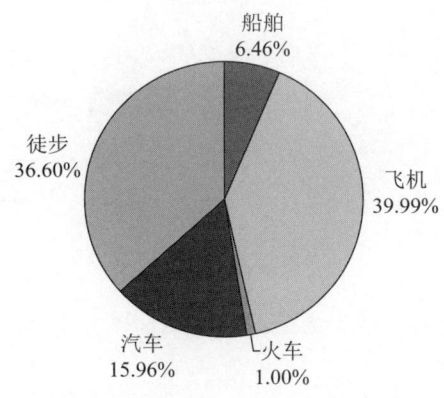

图 1-6　2017 年外国游客进入中国大陆的交通方式

资料来源：中国旅游研究院。

四、入境游客的年龄结构分析

旅华外国游客中，25~44 岁占 49.91%，45~64 岁占 29.25%，15~24 岁占 13.25%，65 岁以上占 4.46%，14 岁及以下占 3.14%。

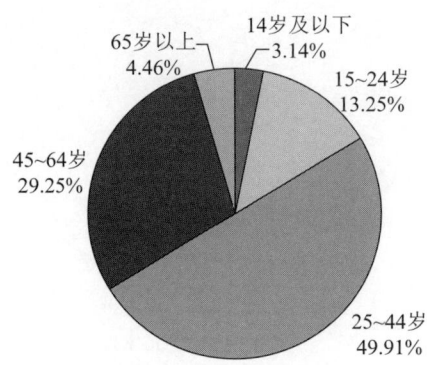

图 1-7　2017 年入境外国游客的年龄结构状况

资料来源：中国旅游研究院。

五、入境游客的性别结构分析

旅华外国游客中，60.73% 为男性，39.27% 为女性。

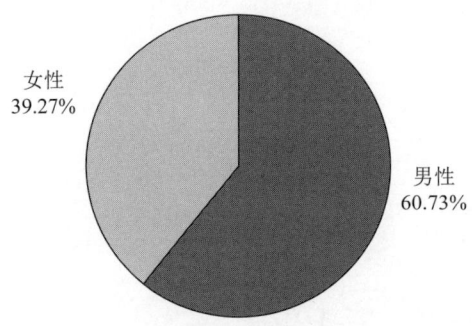

图 1-8　2017 年入境外国游客的性别结构状况

资料来源：中国旅游研究院。

六、入境游客的旅游目的结构分析

旅华外国游客中，37.10%持观光休闲目的，13.27%持会议／商务目的，14.76%为服务员工，2.57%持探亲访友目的，32.31%持其他目的。

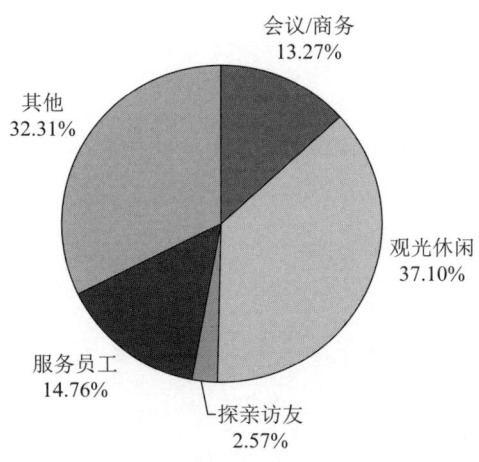

图1-9　2017年入境外国游客的旅游目的结构状况

资料来源：中国旅游研究院。

第二章
2017年全球视野下的中国入境旅游

本章通过分析 2017 年全球入境旅游的市场规模状况，以及全球客流方向的动态与变化分析，剖析全球入境旅游的流量特征、结构状况、流向特征。以期从全球入境旅游动态变化的视角，以及入境游客产出的视角，全面把握分析 2017 年的全球入境旅游市场状况，并系统剖析 2017 年全球入境旅游客流状况及其地域格局，从宏观角度分析认识中国入境旅游在全国入境旅游市场的现实状况和发展趋势。

第一节 2017 年全球范围内的入境旅游发展状况

一、全球入境旅游客流总量呈显著增长态势

（一）2017 年全球入境游客接待量同比增长 7.00%

从 2000—2017 年全球旅游人数总体呈现平稳增长。其中，2003 年受 H1N1 甲型流感影响国际旅游人数出现下滑；随后至 2007 年世界旅游业连续四年快速增长，国际跨境旅游人数达到了 9 亿人次，国际旅游人数同比增长率达 6.2%。但受 2008—2009 年世界经济危机的影响，2008 年的国际旅游人数虽然略有增长，但增长幅度较往年大幅下降。2009 年全球旅游业经历了 60 年以来最糟糕的一年，游客人数下降 3.8%。但世界旅游业仍然表现出强韧的复苏势头，到 2009 年末，世界旅游形势有所好转并持续稳定增长。随后几年内年增长率均保持在 4% 以上，其中 2010 年更是达到了 6.5%，而 2014 年全球国际旅游规模首次突破了 11 亿大关，达到了 11.38 亿人次。受到世界经济和恐怖袭击等负面因素的影响，2016 年全球国际旅游增长率下跌到 3.9%。

根据联合国世界旅游组织（UNWTO）公布的最新数据显示，自 2009 年全球经济与金融危机以来，全球入境旅游已实现持续七年的不间断增长，这一持续增长的纪录也是自 20 世纪 60 年代以来从未有过的新纪录。2017 年全球接待的入境游客总量比 2016 年增加 8700 万人次，达到 13.22 亿人次，同比增长 7.00%。远高于 2010 年以来持续稳定的 4% 的增长率，是七年来最高的增长纪录。

第二章 2017年全球视野下的中国入境旅游
Chapter 2 A Global View of China Inbound Tourism in 2017

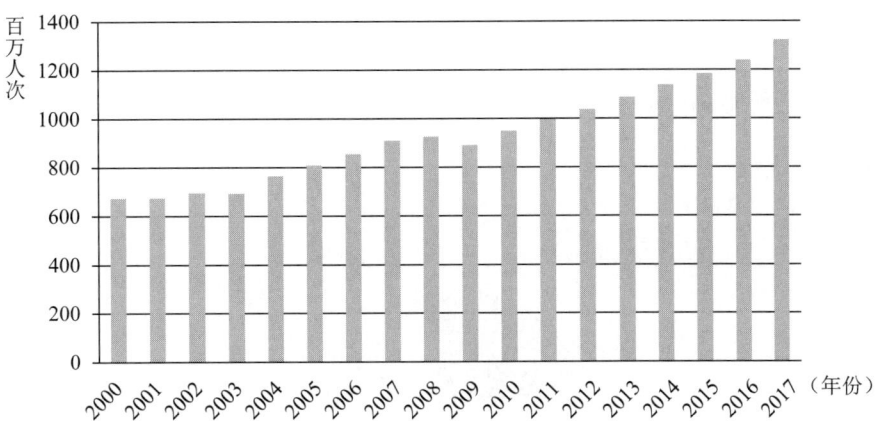

图 2-1　2000—2017 年全球入境旅游规模变化图

资料来源：联合国世界旅游组织（UNWTO）。

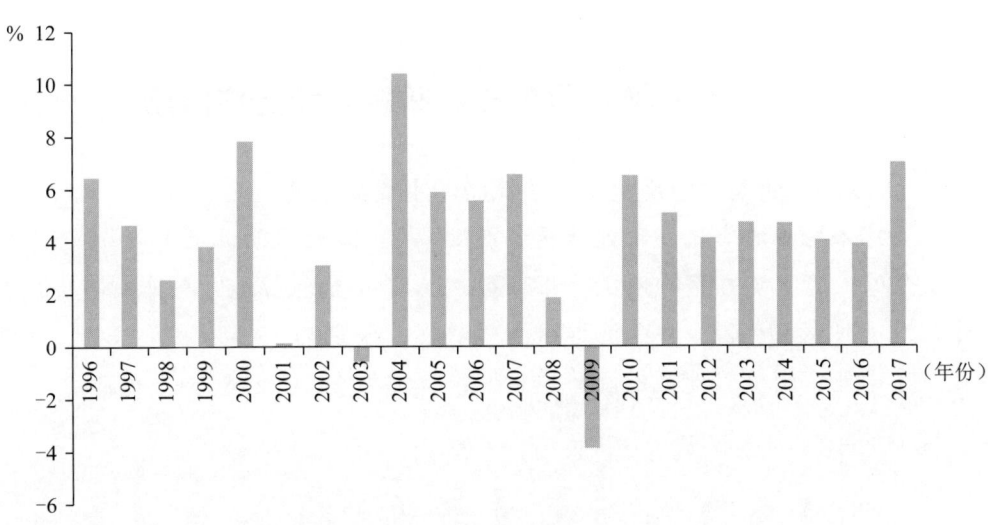

图 2-2　1996-2017 年全球入境旅游接待规模增长率

资料来源：联合国世界旅游组织（UNWTO）。

（二）欧洲、亚太、美洲为国际三大旅游热点地区

在全球入境旅游人数的地区结构中，欧洲共接待入境游客 6.71 亿人次，所占比例最大，高达 50.76%，其次是亚太（3.24 亿人次，24.51%）和美洲（2.07 亿人次，15.66%），而非洲和中东所占比例最小，分别为 0.62 亿人次，4.69% 和 0.58 亿人次，4.39%。

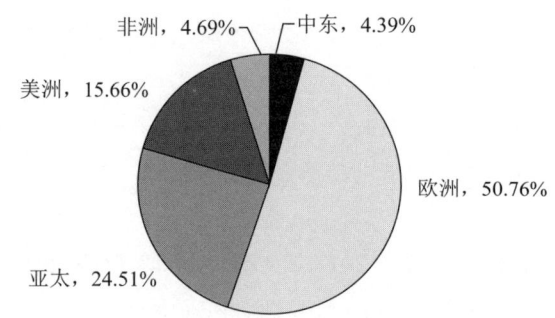

图 2-3　2017 年全球各区域接待的入境游客规模情况

资料来源：联合国世界旅游组织（UNWTO）。

二、全球入境旅游增长的重心重回新兴经济体国家

（一）欧洲、亚太等地是全球入境旅游的主要集聚地

1. 全球入境旅游客流向北非地区、南欧/地中海地区的流动加速

从全球入境旅游客流的地域分布来看，2017 年全球各地区总体呈增长态势，其中以北非地区和南欧/地中海地区涨势最强，分别为 13.4% 和 12.6%。此外，南亚、东南亚、南美等地区的涨势也较好，分别为 10.4%、8.3%、6.7%。

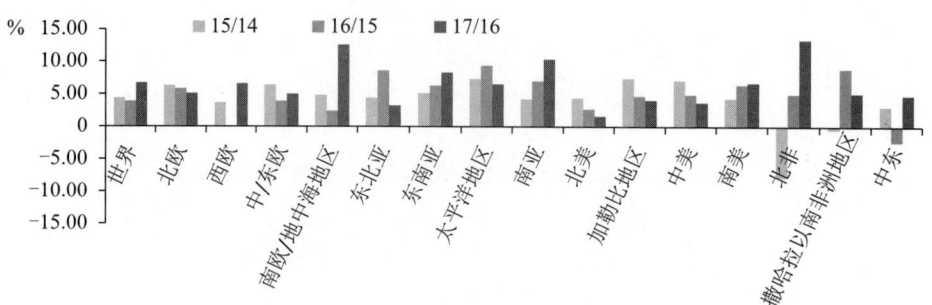

图 2-4　2015—2017 年全球各地区的入境旅游增长率对比

资料来源：联合国世界旅游组织（UNWTO）。

2. 欧洲地区接待入境游客数量增长显著

2017年欧洲地区共接待国际游客6.71亿人次，比2016年增加5180万人次，整体涨幅为8.4%，较2016年增速为2%显著提升。其中，南欧/地中海地区增长12.6%领涨全球，北欧地区增长5.1%，中/东欧增加5.0%，西欧地区增长6.6%。

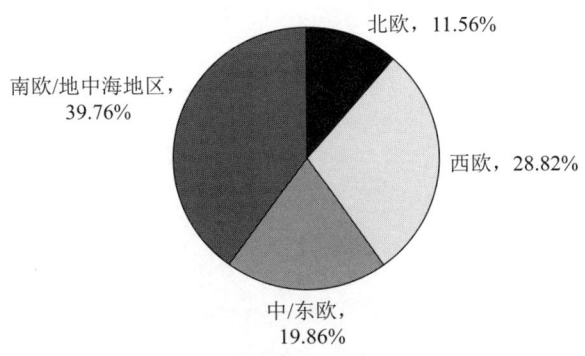

图2-5　2017年欧洲各区域的入境游客接待情况

资料来源：联合国世界旅游组织（UNWTO）。

3. 亚太地区的入境游客接待量增速趋稳

2017年亚太地区接待的国际游客接待量增速趋稳，共接待入境国际游客3.24亿人次，比2016年增加1790万人次，整体涨幅为5.8%。其中，太平洋地区接待国际游客数量的涨幅为6.5%，南亚地区涨幅为10.4%，东北亚地区涨幅为3.2%，东南亚地区涨幅为8.3%。

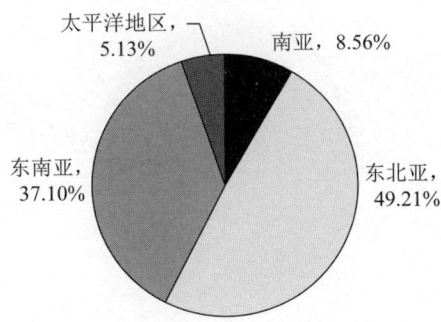

图2-6　2017年亚洲和太平洋地区各区域的入境游客接待情况

资料来源：联合国世界旅游组织（UNWTO）。

4. 美洲地区的入境游客接待量增速趋稳

美洲地区国际游客接待量从多到少依次为北美、南美、加勒比地区、中美，北美为美洲国际游客的主要接待区域。2017年美洲地区共接待国际游客2.07亿人次，比2016年增加580万人次，整体涨幅为2.9%。其中，南美地区接待国际游客3620万人次，同比增长6.7%；加勒比地区接待国际游客2630万人次，同比增长4.1%；中美地区接待国际游客1110万人次，同比增长3.7%；北美地区接待国际游客1.33亿人次，同比增长1.6%。

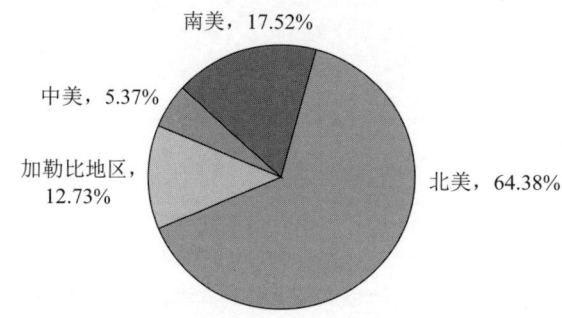

图2-7 2017年美洲地区各区域的入境游客接待情况

资料来源：联合国世界旅游组织（UNWTO）。

5. 北非地区接待入境游客的数量增长明显

2017年非洲地区共接待国际游客6210万人次，比2016年增加450万人次，整体涨幅为7.8%。其中，北非地区接待国际游客2140万人次，增长13.4%，增速十分显著；撒哈拉以南非洲地区接待国际游客4070万人次，增长5.1%。

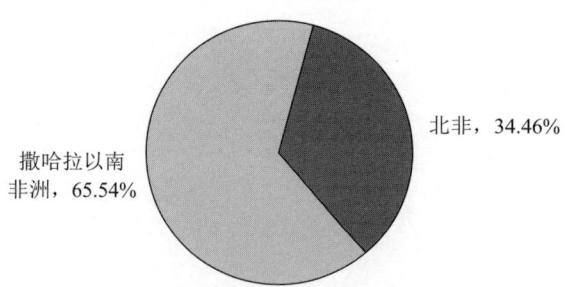

图2-8 2017年非洲地区各区域的入境游客接待情况

资料来源：联合国世界旅游组织（UNWTO）。

6. 中东地区的入境游客接待量呈增长态势

2017年中东地区接待国际游客数量约为5830万人次，同比增长4.8%。

（二）全球入境旅游客流向新兴经济体国家流动略有回升

1. 发达经济体与新兴经济体之间的差异有渐小趋势，新兴经济体增速提升明显

近年来，新兴经济体的入境旅游人数正在逐步增加，但增幅却明显低于发达经济体，与发达经济体之间的差距反而在逐渐扩大，而2017年新兴经济体的入境旅游规模增速明显，与发达经济体间的差距有渐小的趋势。2000年，发达经济体与新兴经济体的入境旅游人数的差异为1.74亿，而2012年，发达经济体与新兴经济体的入境旅游人数的差异已缩减至0.78亿。之后几年中，这种差异却逐年扩大，到2016年，发达经济体与新兴经济体的入境旅游人数的差异为1.32亿，在2017年这一趋势放缓，发达经济体与新兴经济体之间的差异缩小到1.27亿。

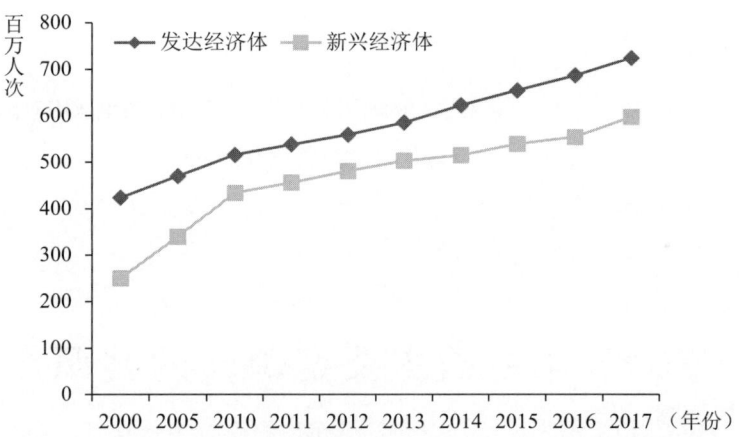

图2-9　2000—2017年发达经济体与新兴经济体的入境旅游规模对比

资料来源：联合国世界旅游组织（UNWTO）。

2. 全球入境旅游客流向新兴经济体国家流动略有回升

2017年新兴经济体入境旅游人数同比增长率为7.9%，发达经济体入境旅游人数的同比增长率为5.7%，这是自2014年以来，新兴经济体入境旅游人数同比增长率首次超过同期发达经济体入境旅游人数的同比增长率。国际旅游客流向新兴经济体国家的流动速度高于向发达经济体国家的流动速度。

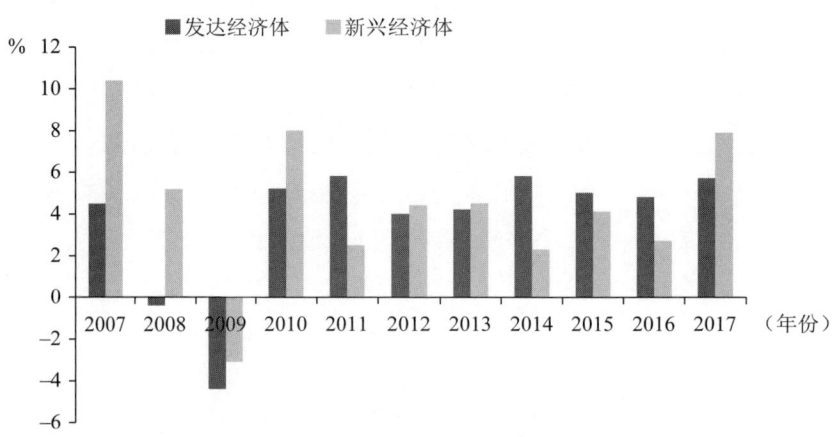

图2-10　2007—2017年发达经济体与新兴经济体入境旅游增长率对比

资料来源：联合国世界旅游组织（UNWTO）。

第二节　2017年中国主要客源国的客源产出状况

一、韩国

2017年韩国出境旅游人数同比剧增18.4%，达2649.65万人次，旅游支出达270.73亿美元，同比增长14.3%；而2017年韩国接待的外国游客为1333.58万人次，同比减少22.7%，旅游收入为133.24亿美元，同比减少22.5%。韩国旅游收支出现137.49亿美元逆差，这是韩国旅游收支自2001年以来连续17年出现逆差，且逆差规模创下历史新高。

据韩联社报道，韩国观光公社发布的一份调查结果显示，2017年韩国人年均出境游达2.6次，4年间翻了一番。调查显示，2017年韩国人出境游5.9天，较2016年略有增加，平均境外消费为144万韩元（约合人民币8550元）。从旅游目的地来看，日本是韩国人出境游的热门首选，29.2%的受访者回答近日有赴日旅游。此外，80.2%受访者对出境游表示满意，90.3%受访者回答2018年有计划出国旅游。

二、日本

2017年日本出境旅游市场总量为1788.93万人次，同比增长4.5%，在2016年实现5年来首次增长的基础上持续增长。

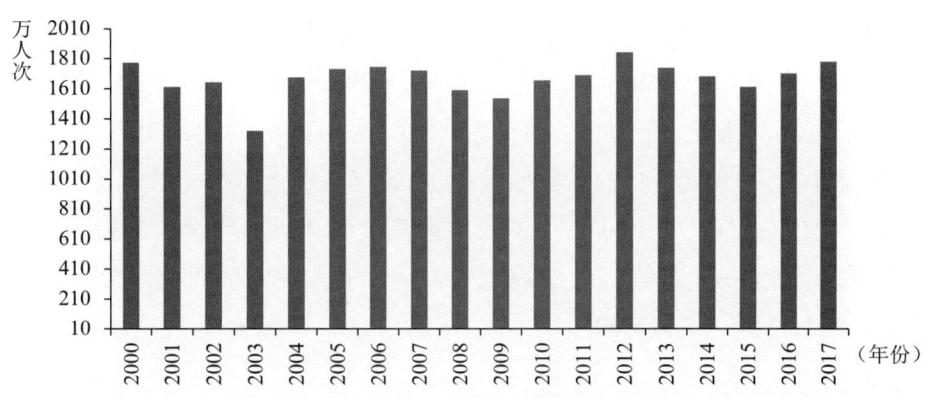

图2-11　2000—2017年日本出境旅游市场规模状况

资料来源：Japan Tourism Marketing Co.

2017年日本出境旅游人次排名前十的目的地分别是美国、中国、韩国、中国台湾、夏威夷（美国）、泰国、中国香港、越南、新加坡、关岛（美国）。

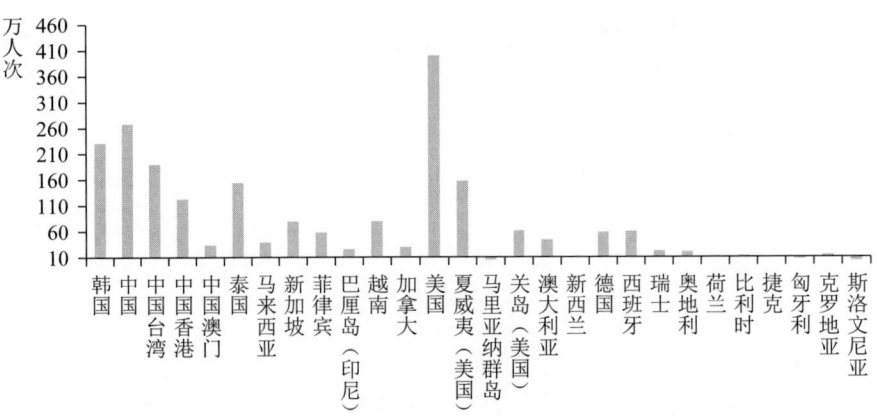

图 2-12　2017 年日本主要出境旅游目的地分布状况

资料来源：Japan Tourism Marketing Co.

2017 年日本前往比利时、匈牙利、克罗地亚、瑞士、中国香港、荷兰、中国澳门、菲律宾、捷克、巴厘岛（印尼）等国家和地区的游客数量增长较快，其中以赴比利时和匈牙利的游客数量增速最高，分别为 21.50% 和 20.80%。2017 年日本前往关岛（美国）、马里亚纳群岛、马来西亚、奥地利等国家和地区的游客数量呈现下降态势，其中以赴关岛（美国）和马里亚纳群岛的减速最高，分别为 -16.78% 和 -16.52%。

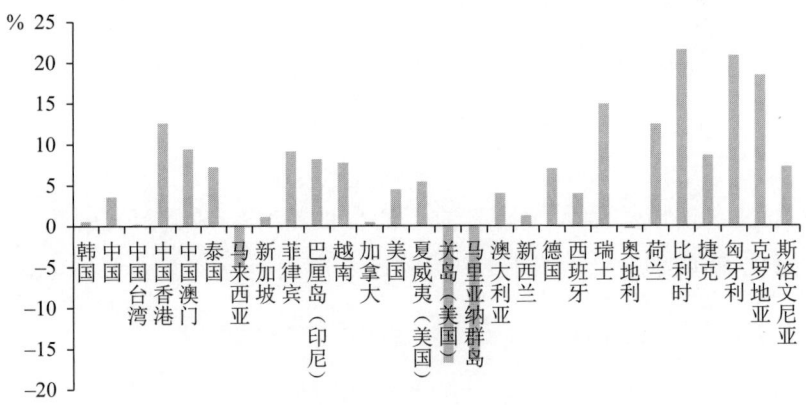

图 2-13　2017 年日本主要出境旅游目的地增长情况

资料来源：Japan Tourism Marketing Co.

三、俄罗斯

根据俄罗斯联邦统计局发布的最新统计数据，2017 年 1—9 月，俄罗斯公民出境旅游总人数为 3097.2 万人次，其中排名前十的目的地分别是土耳其、芬兰、哈萨克斯坦、乌克兰、中国、爱沙尼亚、波兰、德国、格鲁吉亚、西班牙。

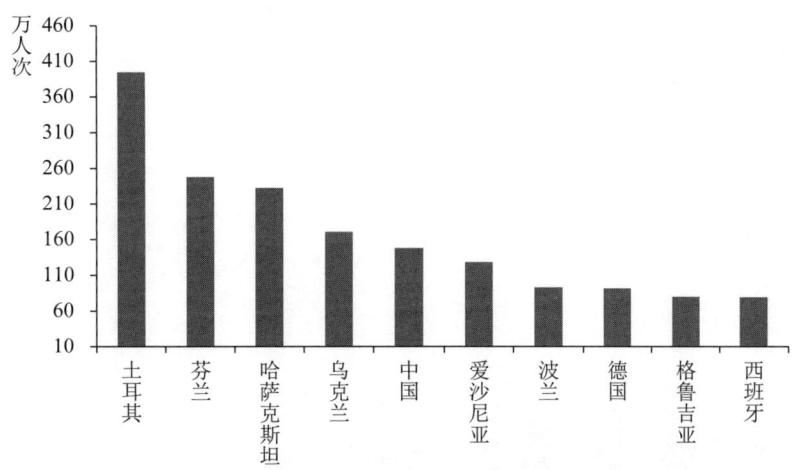

图 2-14　2017 年俄罗斯主要出境旅游目的地分布状况

资料来源：俄罗斯联邦统计局。

来自俄罗斯联邦旅游署的数据显示，2017 年前 9 个月，赴中国旅游的俄罗斯人数达 148 万人次。中国成为第三大最受俄罗斯人欢迎的出境游目的地，仅次于土耳其和芬兰。另据"世界无国界"旅游协会统计数据，2017 年共有 41.5 万名俄罗斯游客通过团队游互免签证项目进入中国，其中 40.2 万人来自各大边疆区。

值得一提的是，跟前几年集中在中国经商的俄罗斯商人占很大比重所不同的是，近年来纯粹到中国来旅游度假的游客比重有很大程度的提升。交通方式上，大部分俄罗斯游客更倾向于直航包机，旅游方式上则更喜欢停留在一两个地方进行轻松的度假和休闲。虽然相对于中国，俄罗斯游客更愿意选择到距离更近的土耳其等地中海地区旅游，但是中国的海南、大连等海滨地区和北京、上海等大都市也已经成为吸引俄罗斯游客的重要旅游目的地。此外，到中国东北的大兴安岭等地的深度游也将成为吸引他们的新元素。

四、美国

根据美国商务部国家旅游办公室发布的最新统计数据，2017年1—11月，美国公民出境旅游总人数为7976.7万人次，同比增长9.9%。其中，北美及欧洲在美国出境旅游市场中占据最重要的分量，其市场份额分别为56.1%和18.5%。具体到出境旅游目的地国家而言，墨西哥是美国的第一大出境旅游目的地国家，占全美出境旅游市场的39.3%，加拿大是美国的第二大出境旅游目的地国家，占全美出境旅游市场的16.8%。

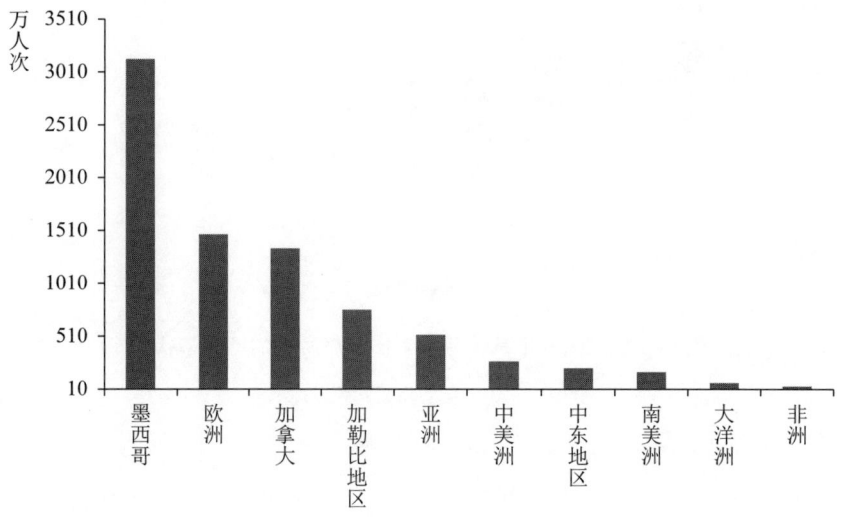

图2-15　2017年美国主要出境旅游目的地分布状况

资料来源：美国国家旅游旅行办公室（National Travel and Tourism Office）。

从各目的地区域的增长状况来看，2017年美国出境旅游目的地中增速最快的是欧洲和非洲，增速分别为16.5%和10.9%，像挪威航空这样的廉价航空公司在美国东部和西部海岸增加了航班，这可能是更多美国人去欧洲旅行的原因之一；而美国去往南美洲地区的人次呈现负增长，增速为-4.9%。

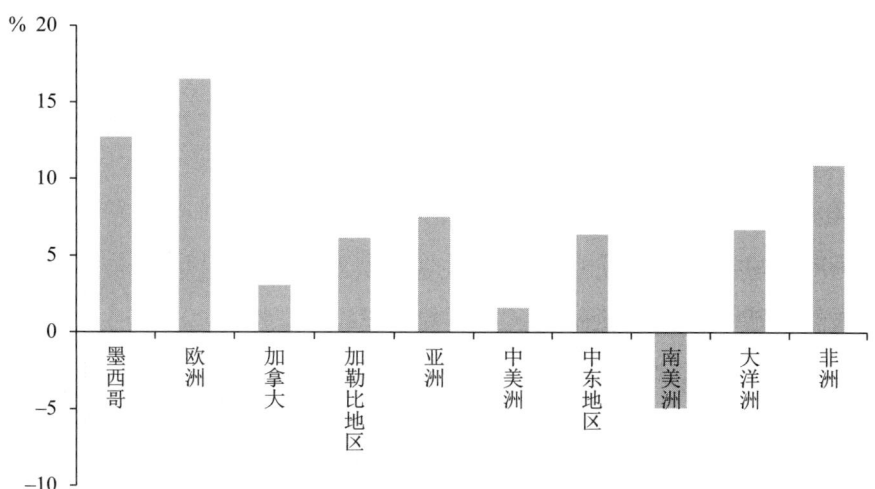

图 2-16　2017 年美国出境游客赴全球各区域的市场增长情况

资料来源：美国国家旅游旅行办公室（National Travel and Tourism Office）。

美国是中国第一大远程入境客源国。除了悠久古老的历史文化和秀美壮阔的山水风光深深吸引着美国游客，中国民众的新生活也成为重要的旅游吸引物。有媒体报道，美国一些旅行社把体验"双 11"网购作为这个季节中国游的亮点，网购已成为美国游客到中国旅行的一个体验项目。

五、新加坡

根据新加坡旅游局发布的最新统计数据，2017 年新加坡公民出境旅游总人数为 988.9 万人次，同比增长 4.4%。自 2005 年以来，新加坡出境旅游人数一直保持稳步增长，而从出境交通方式来看，邮轮出行的人数较稳定，越来越多的人选择航空出行。

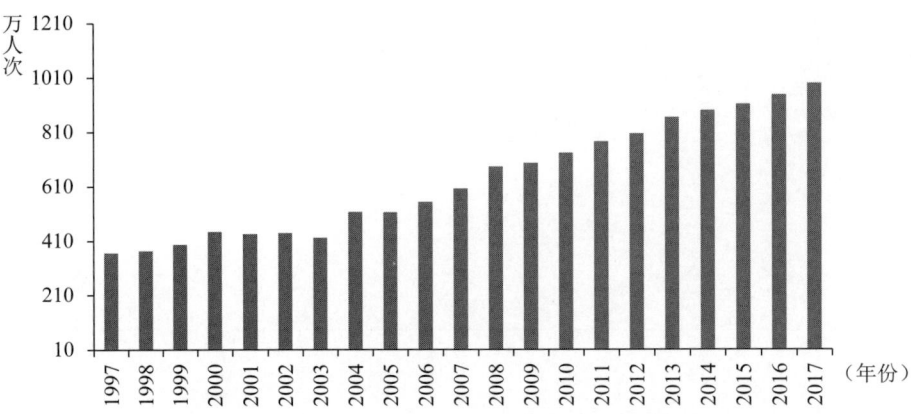

图 2-17　1997—2017 年新加坡出境旅游市场规模状况

资料来源：新加坡统计局（Singapore Department of Statistics）。

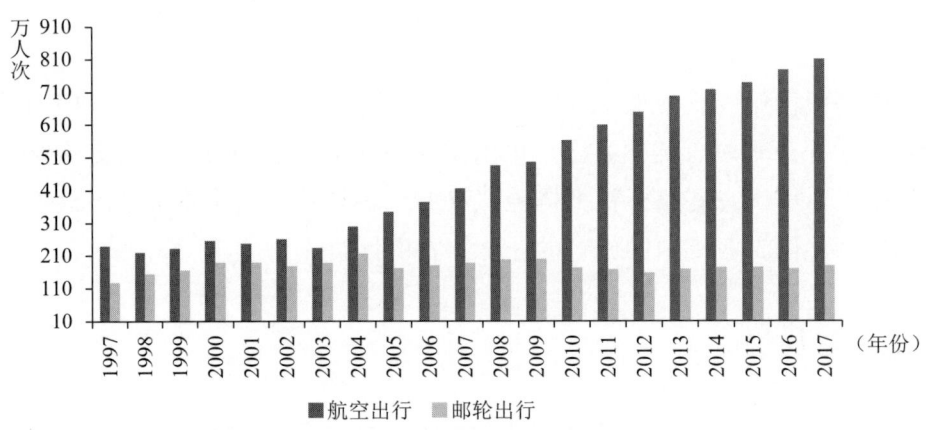

图 2-18　1997—2017 年新加坡按交通方式划分的出境旅游市场规模状况

资料来源：新加坡统计局（Singapore Department of Statistics）。

相关调查显示，新加坡人最常出境旅游的目的地为马来西亚、印度尼西亚、印度、泰国、澳大利亚、日本、美国、中国大陆、中国香港、菲律宾。

自 2018 年 2 月 1 日起，外籍华人签证放宽到 5 年多次的措施将会促使新加坡来华旅游市场更具活力。

六、澳大利亚

来自澳大利亚旅游研究院（Tourism Research Australia）的数据显示，2017年澳大利亚出境旅游总人数达到了911.8万人次，其中，休闲观光度假的总人数为511.5万人次，占出境旅游总人数的56.10%，探亲访友、商务及其他的总人数为400.3万人次，占出境旅游总人数的43.90%。

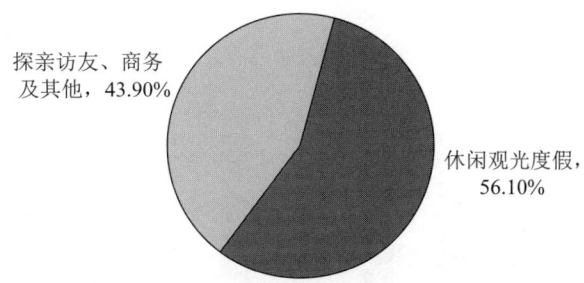

图2-19　2017年按出游动机划分的澳大利亚出境旅游类别

资料来源：澳大利亚旅游研究院（Tourism Research Australia）。

2017年澳大利亚出境旅游人次排名前十的目的地分别是新西兰、印度尼西亚、美国、英国、泰国、中国、新加坡、日本、印度、斐济。

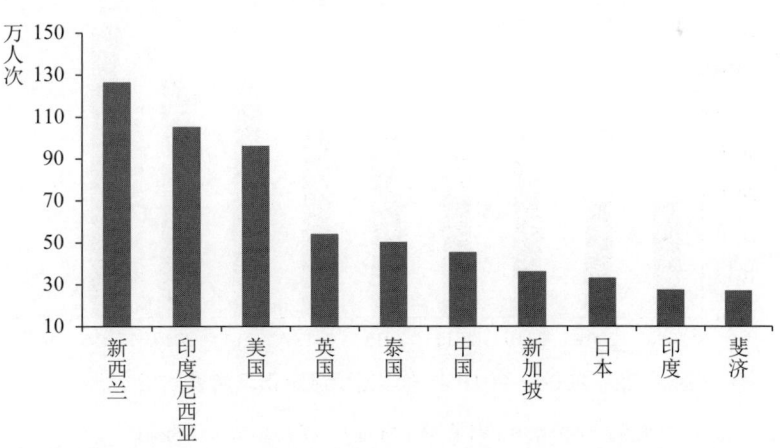

图2-20　2017年澳大利亚主要出境旅游目的地国家分布状况

资料来源：澳大利亚旅游研究院（Tourism Research Australia）。

七、泰国

据泰国国内媒体《普吉公报》报道，一份有关亚太旅游业发展的报告显示，在全球、各区域以及地方的地缘政治或经济形势保持稳定的情况下，2017年泰国出境游人数有望突破900万人次。

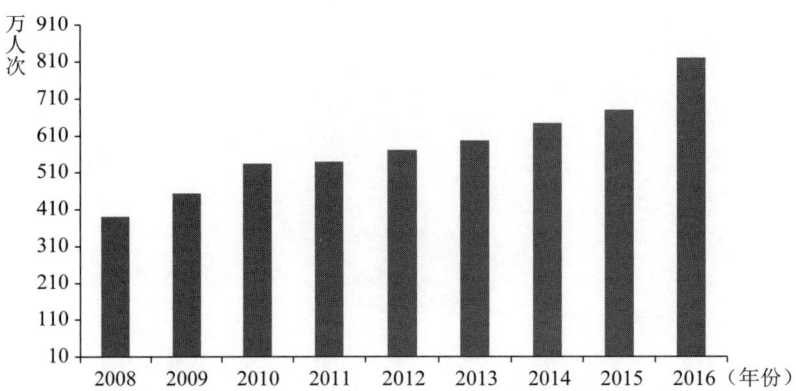

图2-21　2008—2016年泰国出境旅游市场规模状况

资料来源：泰国旅游和体育部（Ministry of Tourism and Sports）。

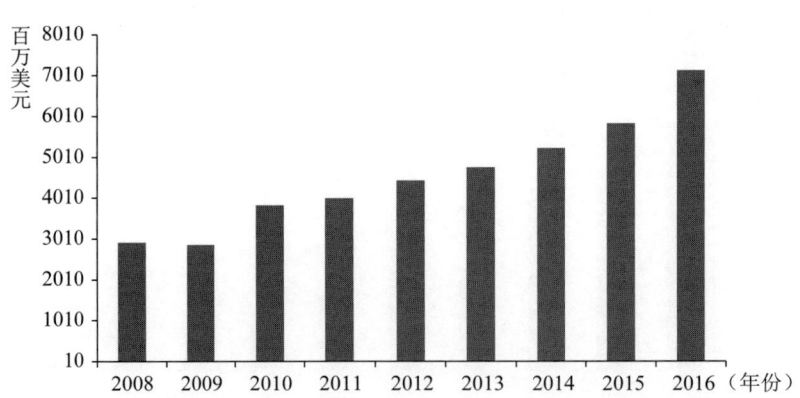

图2-22　2008—2016年泰国出境旅游市场游客支出状况

资料来源：泰国旅游和体育部（Ministry of Tourism and Sports）。

从泰国出境旅游目的地的地域格局分布来看，东亚地区在泰国出境旅游市场中占据最重要的分量，其市场份额为84.6%。是否容易去访问逐渐成为泰国游客选择旅游目的地的主要决定性因素。日本在2013年实行免除泰国公民入境日本的签证后,日本旅游线路是泰国人出境游首选的目的地市场,目前已成为泰国游客量增长最快的目的地。作为泰国出境游热门的市场之一——韩国旅游线路仍深受泰国游客欢迎,但相比以往乡村的风土人情旅游产品,他们正在改变对韩国旅游的理解,向生活体验游倾斜。而紧步日本和韩国后尘,中国台湾也加入了开拓泰国出境游市场的行列。在中国台湾当局宣布给予持泰国公民身份的游客30天免签停留期后,赴台泰国游客数量显著增长。对于泰国游客来说,台北、台中和高雄仍是首选的台湾旅游的目的地城市。台湾旅游产品主要为自然民俗风情游,台湾旅游线路的卖点仍然是地方特色小吃。

八、英国

英国国家统计局(Office for National Statistics)公布的数据显示:2017年1—10月英国的出境旅游总人数为6425.5万人次。英国出境游客的旅行目的主要是探亲访友、度假、商务,其中度假占比最大,市场份额约为66.8%。

从英国出境旅游目的地的地域格局分布来看,其中有近八成是在欧洲旅游,大约一成赴北美洲旅游,不足一成的游客到亚洲旅游。2017年1—10月英国出境游客中赴欧洲旅游的总人数为5175.7万人次,占其出境旅游市场总量的80.6%;赴南美洲旅游的总人数是348.4万人次,占其出境旅游市场总量的5.4%;赴其他国家和地区旅游的总人数是902.4万人次,占其出境旅游市场总量的14.0%。

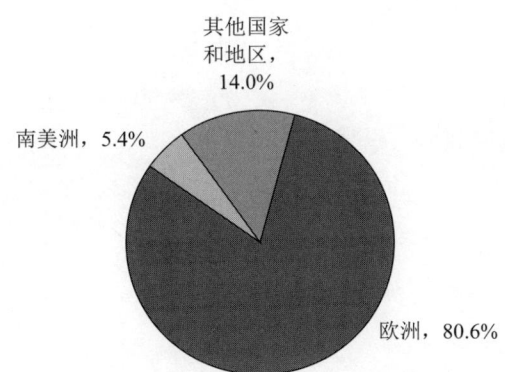

图2-23 2017年英国主要出境旅游目的地区域格局状况

资料来源:英国国家统计局(Office for National Statistics)。

九、法国

依托丰富而独特的旅游资源,法国一直保持着世界第一大旅游接待国的地位,每年旅游业收入超过1000亿美元,占国内生产总值的7%,直接提供了200万个就业岗位。平均每年访问法国的国际游客超过8000万人次。

虽然受恐怖袭击影响法国旅游业过去两年形势低迷,但2017年旅游业不仅回暖,而且超过了2015年的水平。如果今后两年延续2017年发展趋势,2020年法国接待1亿人次外国游客的目标有望实现。2017年法国接待外国游客数预计比2016年增加5%~6%,达到8800万~8900万人次,超过2015年接待8500万人次外国游客的历史纪录。

相关调查显示,从海外旅游目的地看,法国游客出境游到访最多的国家是西班牙、英国、意大利、德国、比利时等欧洲国家。在问到"今后3年最想去的旅游目的地"时,回答美国的受访者居第一位,其次是加拿大和西班牙。在亚洲,法国人首选的旅游目的地是日本,中国的排名较为靠后。

十、加拿大

根据加拿大统计局发布的最新统计数据,加拿大居民在2017年创造了1280万次海外旅行的纪录,比2016年增加7.2%。从出境旅游的旅游目的地分布看,加拿大游客出境旅游到访最多的地区是美国和墨西哥等美洲国家,其次是英国和法国等欧洲国家。

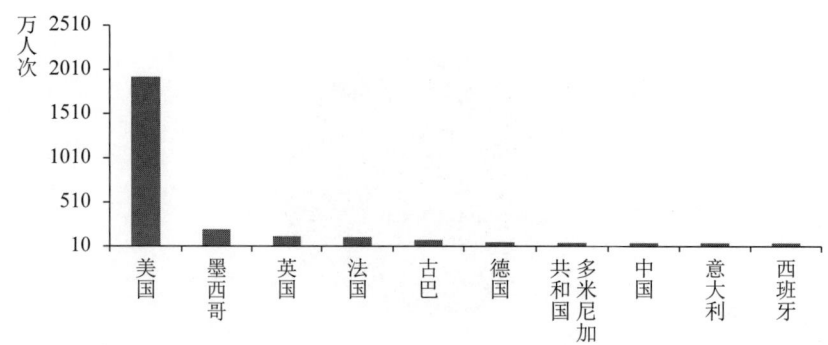

图 2-24 2017年加拿大主要出境旅游目的地国家分布状况

资料来源:加拿大统计局(Statistics Canada)。

2017年加拿大出境旅游市场中71%的游客的旅行目的是美国，2017年加拿大出境旅游人次排名前十的目的地分别是美国、墨西哥、英国、法国、古巴、德国、多米尼加共和国、中国、意大利、西班牙。

十一、越南

根据越南文化体育旅游部发布的最新统计数据，2017年越南入境旅游总人数为1292.2万人次，较2016年增加29.1%。在越南入境旅游稳定增长的同时，越南的出境旅游市场也表现出蓬勃发展的态势。根据万事达"2016—2021年亚太区游客出境旅游未来"报告，2016—2021年，越南出境游的年增长率约为9.5%，其增长速度在亚太区排名第二。该报告称，到2021年，越南出境旅游总人数约有750万人次，而2016年越南出境旅游总人数为480万人次。

同时，该报告还预计亚洲其他一些国家的出境旅游发展趋势，其中缅甸将在未来五年以每年10.6%的速度增长；印度尼西亚为8.6%；中国为8.5%；印度为8.2%；斯里兰卡为6.1%；泰国为4.8%；菲律宾为4.4%；韩国为3.8%；澳大利亚、新加坡和马来西亚增长率为3.5%。万事达亚太区高级副总裁Eric Schneider表示："新兴的中产阶级正在推动亚太地区出境旅游的增长，亚太地区的旅客将在未来几年继续推动全球旅游业的增长。"在新兴市场，出境旅游预计增长速度高于实际GDP，其中包括缅甸（10.6%对7.7%），越南（9.5%对6.2%），印度尼西亚（8.6%对5.7%），泰国（4.8%与3.1%）和中国（8.5%与6%）。

十二、印度

近年来，印度出境游发展迅猛。随着经济不断发展，人民生活水平逐渐提高，越来越多的印度人开始出国旅游。数据表明，印度已成为世界上出境游发展速度快的国家之一。2016年该国出境游人数为2187万人次，比上年增长7.3%；预计到2020年将达5000万人次。

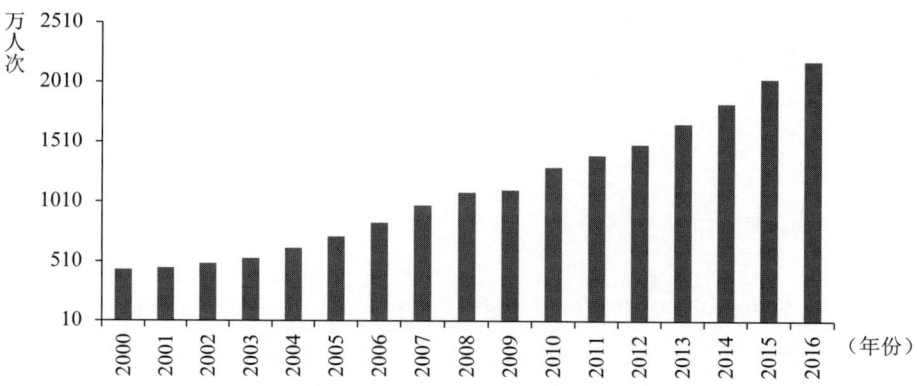

图2-25 2000—2016年印度出境旅游市场规模状况

资料来源：印度统计和计划执行部（Ministry of Statistics and Program Implementation）。

尽管商务、度假和探亲依然是印度人主要的出境出行目的，但现在很明显有消费升级的迹象，比如越来越多人选择豪华游、出境参加体育活动、邮轮蜜月之类的。泰国、新加坡、美国和马来西亚是印度人最喜欢的目的地，如今也有很多人开始把欧洲国家，还有斯里兰卡、尼泊尔、中国和日本列入行程单。

中国正逐步成为印度民众出境游的重要目的地。印度民众赴中国旅游的人数逐年增长。2014年印度赴华旅游人数为70.99万人次，比上年增长4.6%；2015年达73.05万人次，比上年增长2.80%；2016年前9个月为60.09万人次，比上年同期增长10.9%。2015年，印度在中国举办印度旅游年。2016年，中国在印度举办中国旅游年。两国旅游年活动的举办，有力地促进了双方的旅游交流和合作，增进了两国人民之间的相互了解和友谊。在两国领导人的倡导和业界的努力下，双方旅游合作得到显著提升。2016年，中印双向旅游交流人数首次超过100万人次，创历史最高纪录。

十三、蒙古

根据蒙古统计署发布的最新统计数据，2017年蒙古出境总人数为244万人次，其中旅游出境人数为10.4万人次。

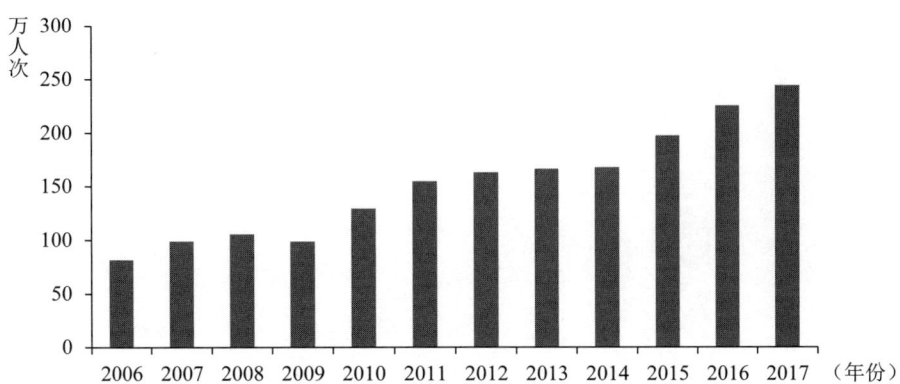

图 2-26　2006—2017 年蒙古的出境市场规模状况

资料来源：蒙古统计署（National Statistical Office of Mongolia）。

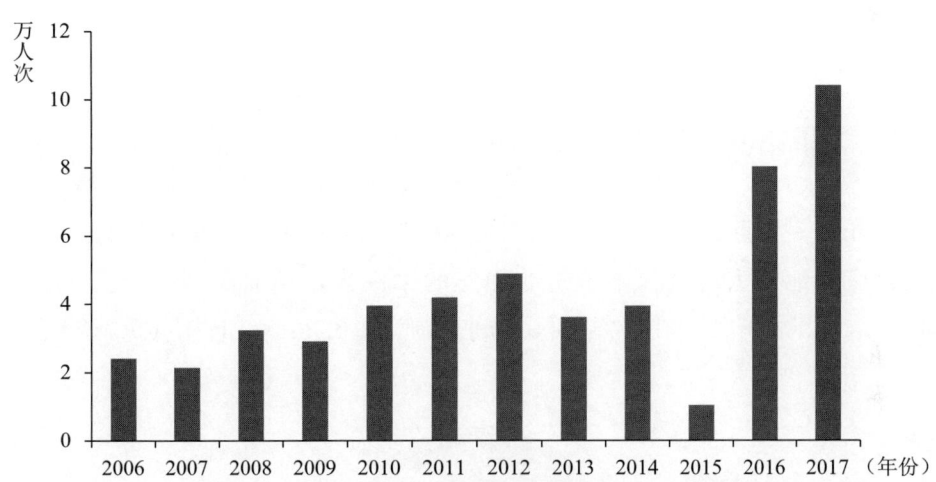

图 2-27　2006—2017 年蒙古的出境旅游市场规模状况

资料来源：蒙古统计署（National Statistical Office of Mongolia）。

据内蒙古自治区卫生厅提供的数据显示，每年有 5 万～6 万名蒙古国公民到内蒙古就医，其中有 1.5 万人（次）寻求蒙医药服务，很多蒙古国医师还前来进修学习蒙医药。

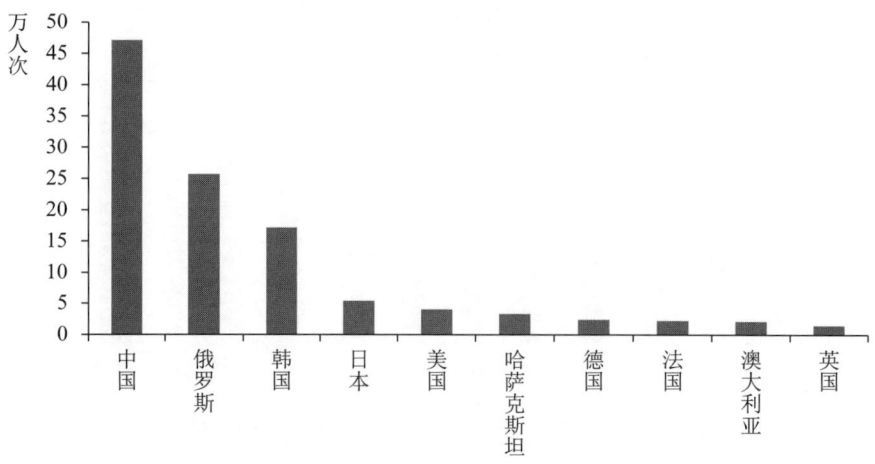

图 2-28　2017 年蒙古主要出境旅游目的地国家分布状况

资料来源：蒙古统计署（National Statistical Office of Mongolia）。

十四、菲律宾

2016 年 4—9 月，约有 24.5 万名 15 岁以上的菲律宾人出境旅行。具体到出境旅游目的地国家而言，中国是菲律宾的第一大出境旅游目的地国家，占其出境旅游市场的 28.1%，其次分别是马来西亚（10.7%）、日本（9.7%）、美国（9.5%）、新加坡（8.3%）。

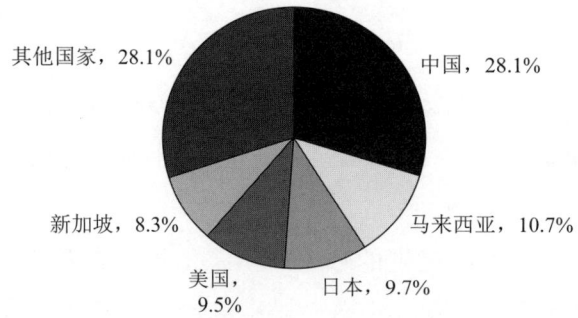

图 2-29　2016 年 4—9 月菲律宾主要出境旅游目的地区域格局状况

资料来源：菲律宾统计部和旅游局（Philippine Statistics Authority and Department of Tourism）。

菲律宾出境游客的旅行目的主要是休闲度假、探亲访友、商务,其中休闲度假占比最大,市场份额约为51.4%。

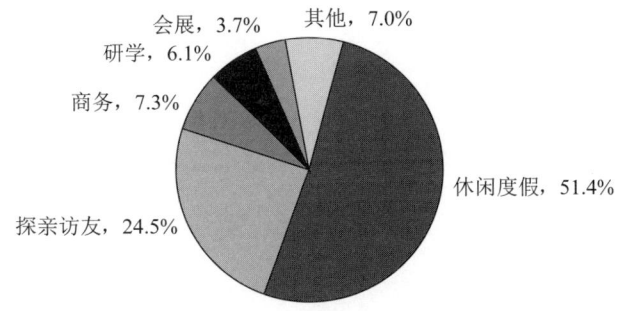

图2-30　2016年4—9月按出游动机划分的菲律宾出境旅游类别

资料来源:菲律宾统计部和旅游局(Philippine Statistics Authority and Department of Tourism)。

十五、意大利

根据意大利国家统计局发布的最新统计数据,2017年意大利出境旅游占旅游总人数的19.0%,其中75%的出境旅游目的地为欧盟国家。西班牙是长假期的主要目的地(13.6%的国外长途旅行),而15.8%的短假期在法国度过,这也是商务旅行的首选国家(17.7%的出国商务旅行)。在非欧洲目的地中,美国是长假期(4.1%)和商务旅行(7.1%)访问次数最多的国家。

十六、哈萨克斯坦

2017年11月17日,"中哈旅游年"在哈萨克斯坦首都阿斯塔纳举行闭幕式。随着"一带一路"倡议的深入推进,中国和哈萨克斯坦这两个丝路沿线重要国家的旅游合作不断走向深入。"中哈旅游年"的成功举办为两国深化"一带一路"框架下各领域合作奠定坚实基础。

哈萨克斯坦横跨亚欧大陆,是丝绸之路从中国向西延伸的第一站。目前哈萨克斯坦是中国在中亚地区最大的客源国。2017年1—6月,哈萨克斯坦访华人数10.96万人次,同比增长12.7%。

第三章

2017年中国入境旅游的流向与路径

第一节 典型城市入境旅游客流的流向

一、北京市：东北向、东南向、西向、西南向、南向

中国旅游研究院 2017 年度的抽样调查资料显示，入境游客以北京为节点向外部扩散，排名前 10 位的主要扩散目的地城市依次为：天津、上海、西安、沈阳、重庆、成都、广州、厦门、秦皇岛、承德。

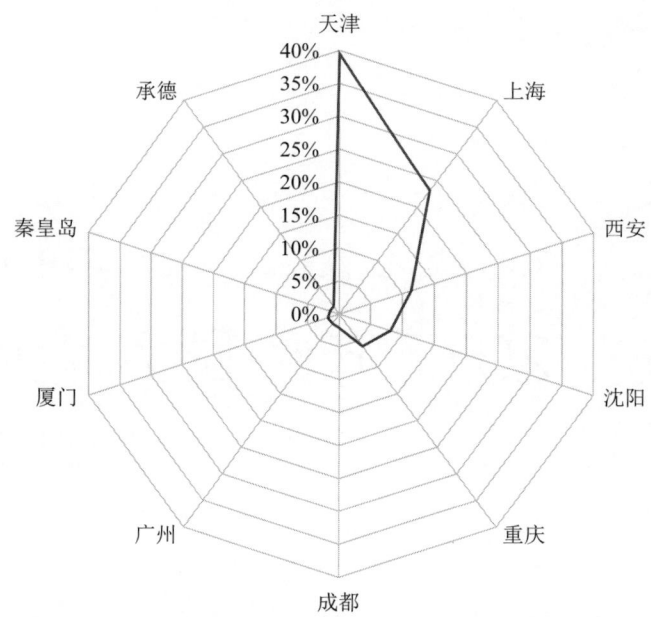

图 3-1　入境游客以北京为节点向其他城市扩散雷达图

从入境游客以北京为节点向其他城市扩散的数量份额来看，北京扩散至天津的游客最多，占总扩散人次的 39.50%，排名第一；其次是北京扩散至上海的游客，占总扩散人次的 23.13%，排名第二；北京扩散至西安的游客占总扩散人次的 11.39%，排名第三；北京扩散至沈阳的游客占总扩散人次的 8.19%，排名第四；北京扩散至重庆的游客占总扩散人次的 6.05%，排名第五；北京扩散至

成都的游客占总扩散人次的 2.14%，排名第六；北京扩散至广州、厦门的游客，各占总扩散人次的 1.78%，并列第七；北京扩散至秦皇岛、承德的游客，各占总扩散人次的 1.42%，并列第九。

由此可见，入境游客以北京为节点向其他城市扩散的近程性和等级性特征均十分显著：超过 74% 的入境游客扩散至天津、上海、西安等一线城市、旅游资源同样丰富的城市或者邻近省会城市；有 16.38% 的入境游客扩散至沈阳、重庆、成都、广州、厦门等直辖市、省会城市、一线城市；另有 2.84% 的入境游客扩散至秦皇岛等旅游城市；其余极少数游客扩散至其他城市。

按照客流的扩散方向，入境游客以北京为节点向其他城市扩散主要集中在五个方向：东北向、东南向、西向、西南向、南向。

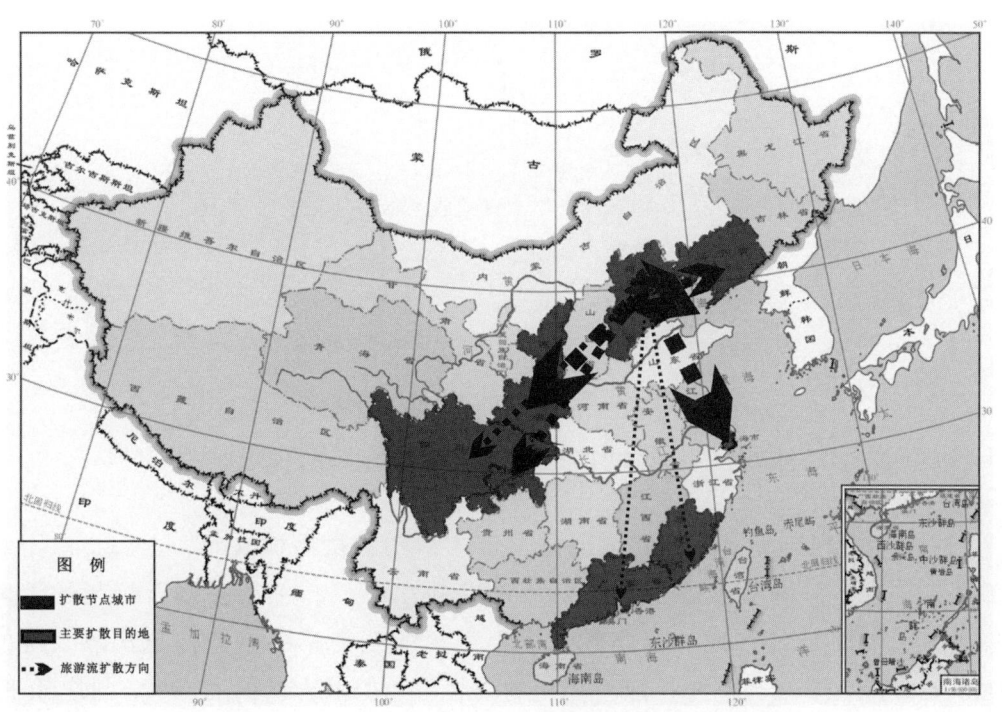

图 3-2　入境游客以北京为节点的扩散方向示意图

资料来源：国家测绘地理信息局网站。审图号：GS（2016）1600 号。

二、上海市：北向、南向、西向、西北向、西南向

中国旅游研究院 2017 年度的抽样调查资料显示，入境游客以上海为节点向外部扩散，排名前 10 位的主要扩散目的地城市依次为：北京、杭州、南京、苏州、西安、黄山、武汉、厦门、广州、昆明。

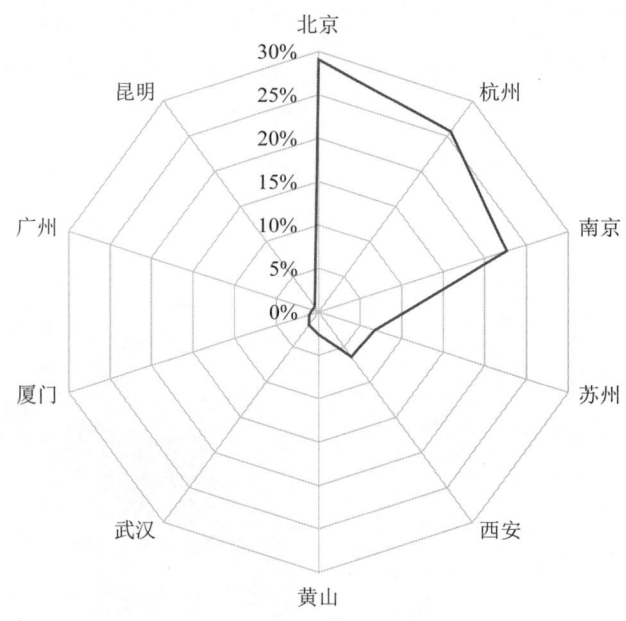

图 3-3　入境游客以上海为节点向其他城市扩散雷达图

从入境游客以上海为节点向其他城市扩散的数量份额来看，上海扩散至北京的游客最多，占总扩散人次的 29.06%，排名第一；上海扩散至杭州的游客占总扩散人数的 25.66%，排名第二；上海扩散至南京的游客占总扩散人次的 22.64%，排名第三；上海扩散至苏州的游客占总扩散人次的 6.79%，排名第四；上海扩散至西安的游客占总扩散人次的 6.42%，排名第五；上海扩散至黄山的游客占总扩散人次的 2.64%，排名第六；上海扩散至武汉的游客占总扩散人次的 1.89%，排名第七；上海扩散至厦门的游客占总扩散人次的 1.13%，排名第八；上海扩散至广州和昆明，各占总扩散人次的 0.75%，并列第九。

由此可见，入境游客以上海为节点向其他城市扩散的近程性特征特征强于

等级性特征：超过 54.70% 的入境游客扩散至北京、杭州等一线城市或者旅游资源十分丰富的热点旅游城市；有 38.49% 的入境游客扩散至南京、苏州、黄山等具有丰富旅游资源的省会城市及邻近城市；另有 4.52% 的入境游客扩散至武汉、厦门、广州、昆明等一线城市、直辖市、省会城市等旅游资源十分丰富的特色旅游城市；其余极少数游客扩散至其他城市。

按照客流的扩散方向，入境游客以上海为节点向其他城市扩散主要集中在五个方向：北向、南向、西向、西北向、西南向。

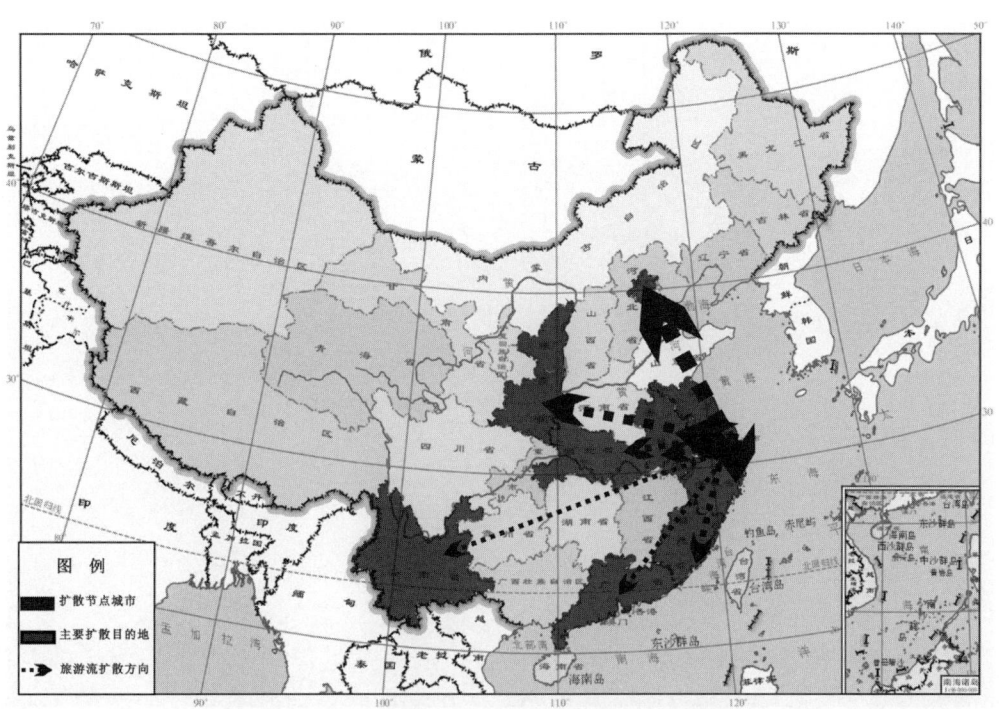

图 3-4　入境游客以上海为节点的扩散方向示意图

资料来源：国家测绘地理信息局网站。审图号：GS（2016）1600 号。

三、广州市：省内、北向、西北向、东北向

中国旅游研究院 2017 年度的抽样调查资料显示，入境游客以广州为节点向外部扩散，排名前 10 位的主要扩散目的地城市依次为：深圳、北京、重庆、上海、香港、佛山、杭州、济南、珠海、澳门。

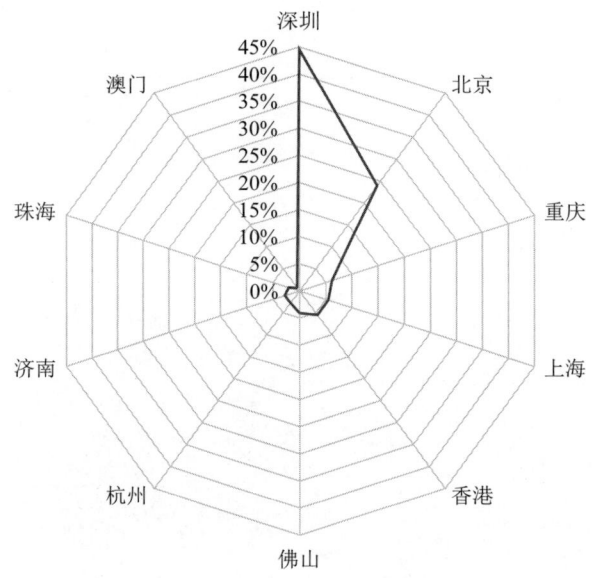

图 3-5　入境游客以广州为节点向其他城市扩散雷达图

从入境游客以广州为节点向其他城市扩散的数量份额来看，广州扩散至深圳的游客最多，占总扩散人次的 44.52%；其次是广州扩散至北京的游客，占总扩散人次的 23.97%，排名第二；广州扩散至重庆的游客占总扩散人次的 6.16%，排名第三；广州扩散至上海和香港的游客，各占总扩散人次的 5.48%，并列第四；广州扩散至佛山的游客占总扩散人次的 4.11%，排名第六；广州扩散至杭州、济南的游客，各自均占总扩散人次的 2.74%，并列第七名；广州扩散至珠海的游客占总扩散人次的 2.05%，排名第九；广州扩散至澳门的游客占总扩散人次的 0.68%，排名第十。

由此可见，入境游客以广州为节点向其他城市扩散的近程性特征特征强于等级性特征：超过 56.80% 的入境游客扩散至深圳、珠海、中山、佛山、香港等邻近的特色旅游城市；另有 41.09% 的入境游客扩散至上海、北京、重庆、杭州、济南等一线城市、直辖市、省会城市，或者旅游资源十分丰富的城市；其余极少数游客扩散至其他城市。

按照客流的扩散方向，入境游客以广州为节点向其他城市扩散主要集中在四个方向：省内、北向、西北向、东北向。

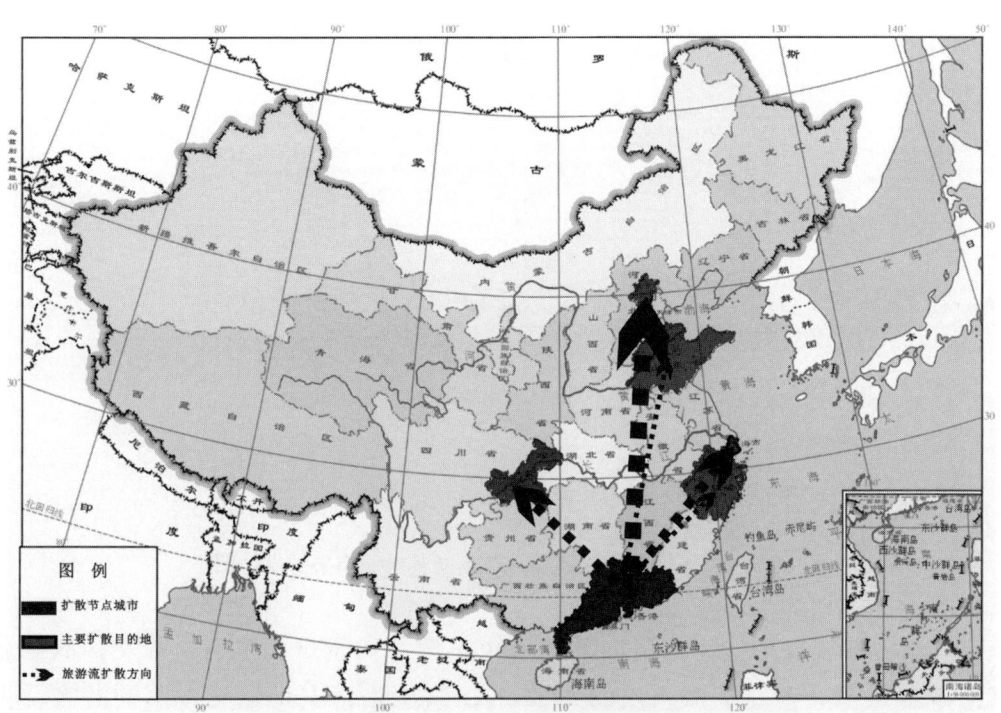

图 3-6　入境游客以广州为节点的扩散方向示意图

资料来源：国家测绘地理信息局网站。审图号：GS（2016）1600 号。

四、西安市：东北向、北向、西南向、南向、东向

中国旅游研究院 2017 年度的抽样调查资料显示，入境游客以西安为节点向外部扩散，排名前 10 位的主要扩散目的地城市依次为：北京、咸阳、延安、成都、广州、兰州、杭州、桂林、上海、重庆。

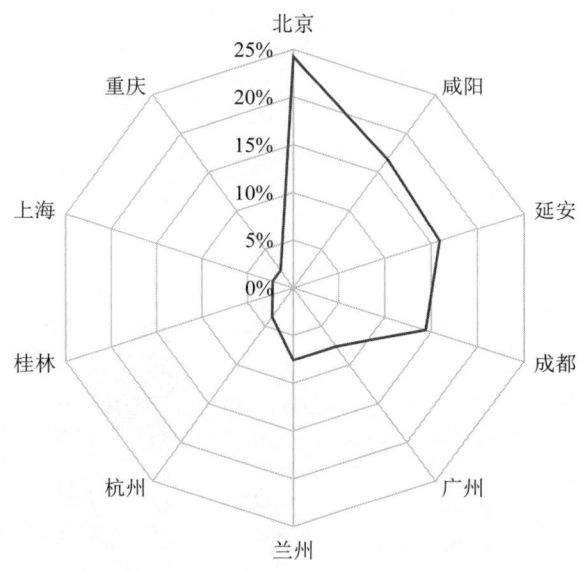

图 3-7　入境游客以西安为节点向其他城市扩散雷达图

从入境游客以西安为节点向其他城市扩散的数量份额来看，西安扩散至北京的游客最多，占总扩散人次的 24.24%；其次是西安扩散至咸阳的游客，占总扩散人次的 16.67%，排名第二；西安扩散至延安的游客占总扩散人次的 15.91%，排名第三；西安扩散至成都的游客占总扩散人次的 14.39%，排名第四；西安扩散至广州、兰州的游客，各自均占总扩散人次的 7.58%，并列第五名；西安扩散至杭州的游客占总扩散人次的 3.79%，排名第七；西安扩散至桂林、上海、重庆的游客，各自均占总扩散人次的 2.27%，并列第八名。

由此可见，入境游客以西安为节点向其他城市扩散的等级性特征强于近程性特征：超过 56.80% 的入境游客扩散至北京、上海、咸阳、延安等一线城市、省会城市或者旅游资源十分丰富的城市；有 33.34% 的入境游客扩散至成都、广州、兰州、杭州等省会城市、直辖市和热点旅游城市；另有 6.81% 的入境游客扩散至桂林、上海、重庆等热点旅游城市、直辖市等；其余极少数游客扩散至其他城市。

按照客流的扩散方向，入境游客以西安为节点向其他城市扩散主要集中在五个方向：东北向、北向、西南向、南向、东向。

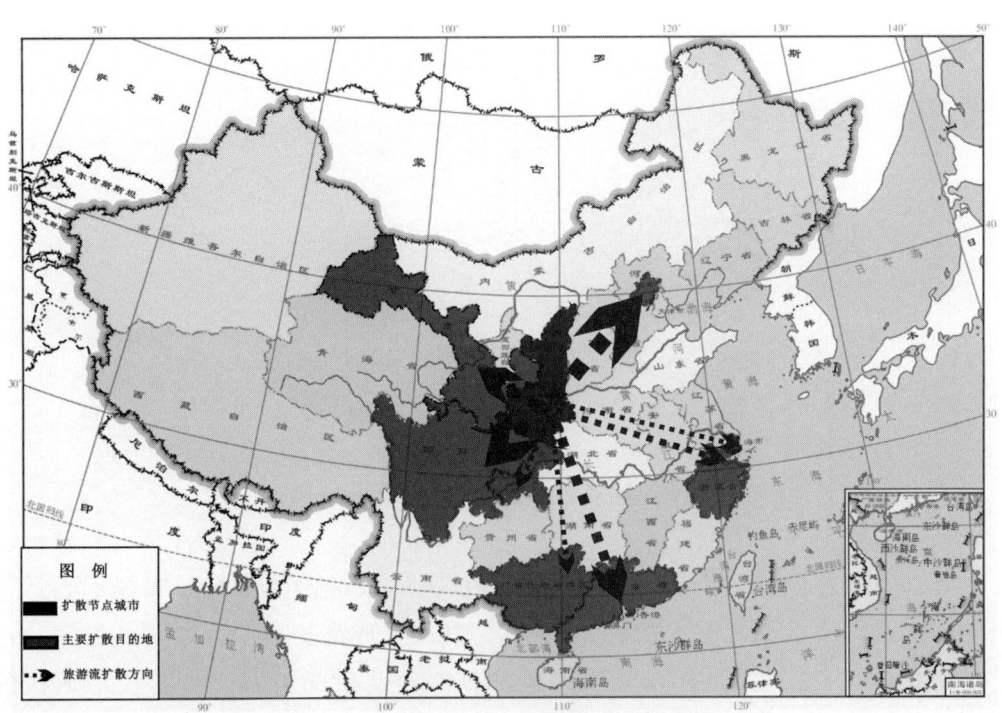

图 3-8　入境游客以西安为节点的扩散方向示意图

资料来源：国家测绘地理信息局网站。审图号：GS（2016）1600 号。

五、成都市：东向、省内、东北向、东南向

中国旅游研究院 2017 年度的抽样调查资料显示，入境游客以成都为节点向外部扩散，排名前 10 位的主要扩散目的地城市依次为：重庆、九寨沟、北京、都江堰、乐山、石家庄、稻城、杭州、济南、峨眉山。

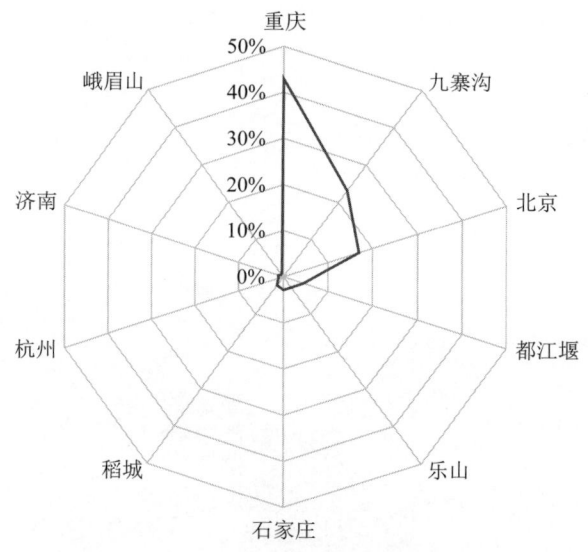

图 3-9　入境游客以成都为节点向其他城市扩散雷达图

从入境游客以成都为节点向其他城市扩散的数量份额来看，成都扩散至重庆的游客最多，占总扩散人次的 42.94%；其次是成都扩散至九寨沟的游客，占总扩散人次的 23.16%，排名第二；成都扩散至北京的游客，占总扩散人次的 16.95%，排名第三；成都扩散至都江堰的游客，占总扩散人次的 4.52%，排名第四；成都扩散至乐山、石家庄的游客，各自均占总扩散人次的 2.82%，并列第五名；成都扩散至稻城的游客占总扩散人次的 2.26%，排名第七；成都扩散至杭州、济南的游客，各自均占总扩散人次的 1.13%，并列第八名；成都扩散至峨眉山的游客占扩散人次的 0.56%，排名第十。

由此可见，入境游客以成都为节点向其他城市扩散的近程性特征强于等级性特征：超过66.1%的入境游客扩散至重庆、九寨沟、北京等直辖市、一线城市、省内邻近的特色旅游城市；有26.55%的入境游客扩散至北京、都江堰、乐山、稻城等一线城市、省会城市，或者旅游资源十分丰富的城市；另有2.82%的入境游客扩散至杭州、济南、峨眉山省会城市，以及热点旅游城市；其余极少数游客扩散至其他城市。

按照客流的扩散方向，入境游客以成都为节点向其他城市扩散主要集中在四个方向：东向、省内、东北向、东南向。

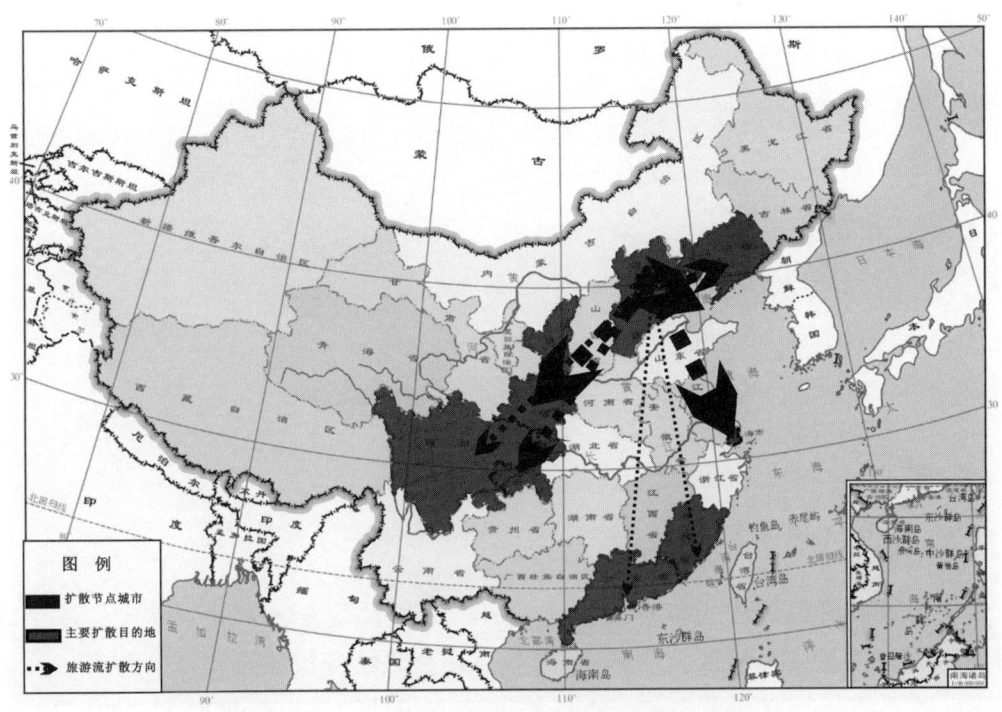

图3-10　入境游客以成都为节点的扩散方向示意图

资料来源：国家测绘地理信息局网站。审图号：GS（2016）1600号。

六、重庆市：西向、东北向、东南向、东向、西南向

中国旅游研究院 2017 年度的抽样调查资料显示，入境游客以重庆为节点向外部扩散，排名前 10 位的主要扩散目的地城市依次为：成都、北京、广州、杭州、上海、长沙、贵阳、昆明、西安、武汉。

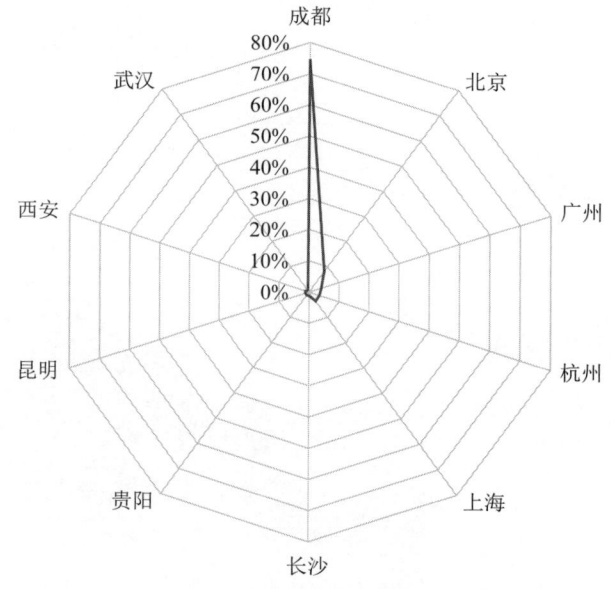

图 3-11　入境游客以重庆为节点向其他城市扩散雷达图

从入境游客以重庆为节点向其他城市扩散的数量份额来看，重庆扩散至成都的游客最多，占总扩散人次的 71.71%；其次是重庆扩散至北京的游客，占总扩散人次的 8.24%，排名第二；重庆扩散至广州的游客占总扩散人次的 4.12%，排名第三；重庆扩散至杭州、上海的游客，各自均占总扩散人次的 3.53%，并列第四名；重庆扩散至长沙、贵阳、昆明、西安的游客，各自均占总扩散人次的 1.18%，并列第六名；重庆扩散至武汉的游客占总扩散人次的 0.59%，排名第八。

由此可见，入境游客以重庆为节点向其他城市扩散的近程性特征强于等级性特征：超过78.20%的入境游客扩散至成都、贵阳、长沙、西安等邻近省会城市，或者邻近的热点旅游城市；有15.89%的入境游客扩散至北京、广州、上海等一线城市和热点旅游城市；另有5.30%的入境游客扩散至杭州、昆明、武汉等省会城市、一线城市和热点旅游城市；其余极少数游客扩散至其他城市。

按照客流的扩散方向，入境游客以重庆为节点向其他城市扩散主要集中在五个方向：西向、东北向、东南向、东向、西南向。

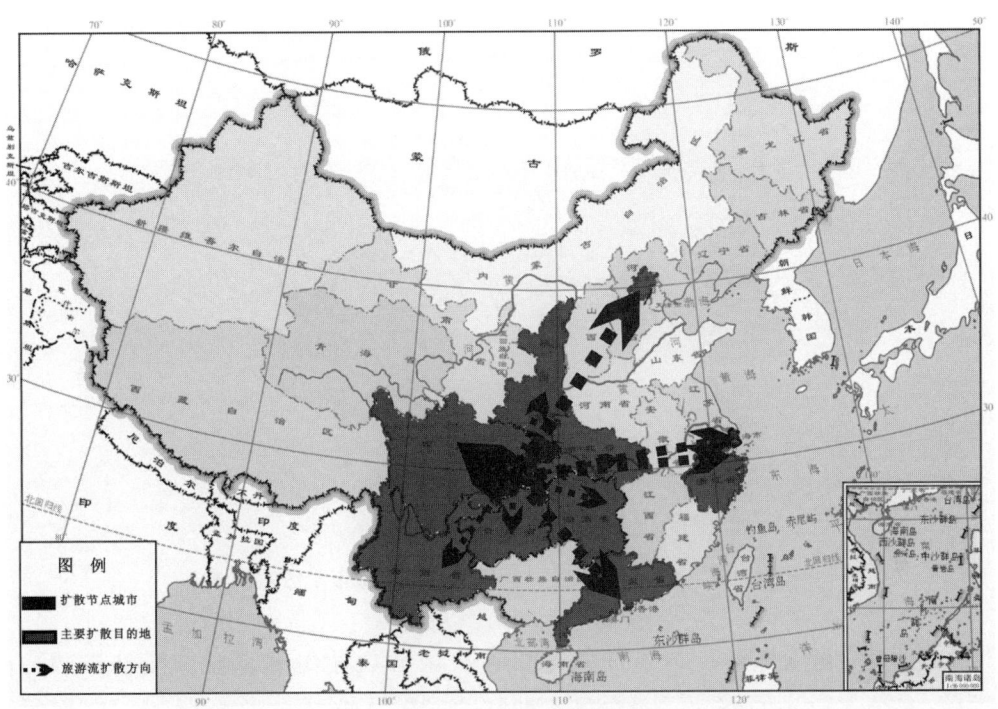

图3-12　入境游客以重庆为节点的扩散方向示意图

资料来源：国家测绘地理信息局网站。审图号：GS（2016）1600号。

七、桂林市：北向、东向、东北向、西向

中国旅游研究院 2017 年度的抽样调查资料显示，入境游客以桂林为节点向外部扩散，排名前 10 位的主要扩散目的地城市依次为：重庆、广州、杭州、大连、昆明、南京、苏州、天津、西安、珠海。

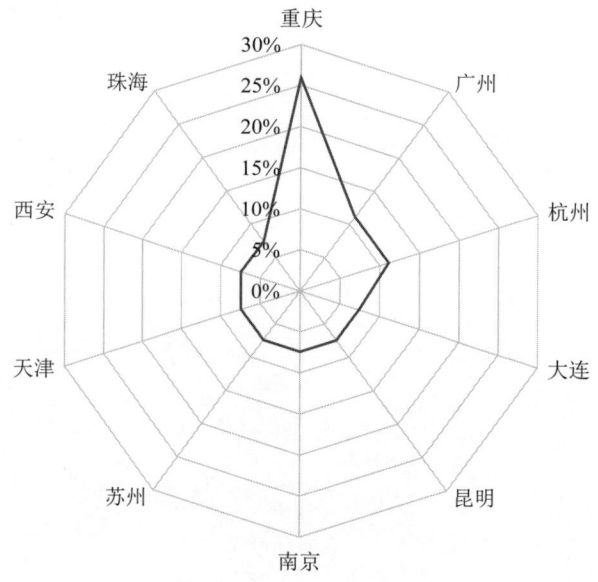

图 3-13 入境游客以桂林为节点向其他城市扩散雷达图

从入境游客以桂林为节点向其他城市扩散的数量份额来看，桂林扩散至重庆的游客最多，占总扩散人次的 25.93%；其次是桂林扩散至杭州、广州的游客，各自均占总扩散人次的 11.11%，并列第二名；桂林扩散至大连、昆明、南京、苏州、天津、西安、珠海的游客，各自均占总扩散人次的 7.41%，并列第四名。

由此可见，入境游客以桂林为节点向其他城市扩散的近程性和等级性特征均十分显著：超过 44.40% 的入境游客扩散至重庆、杭州、南京等直辖市、省会城市和旅游资源十分丰富的城市；有 25.93% 的入境游客扩散至广州、昆明、珠海等一线城市、邻近省会城市和旅游资源十分丰富的城市；另有 29.64% 的入境游客扩散至苏州、大连、天津、西安等直辖市、省会城市和旅游资源十分丰富的城市。其余极少数游客扩散至其他城市。

按照客流的扩散方向，入境游客以桂林为节点向其他城市扩散主要集中在四个方向：北向、东向、东北向、西向。

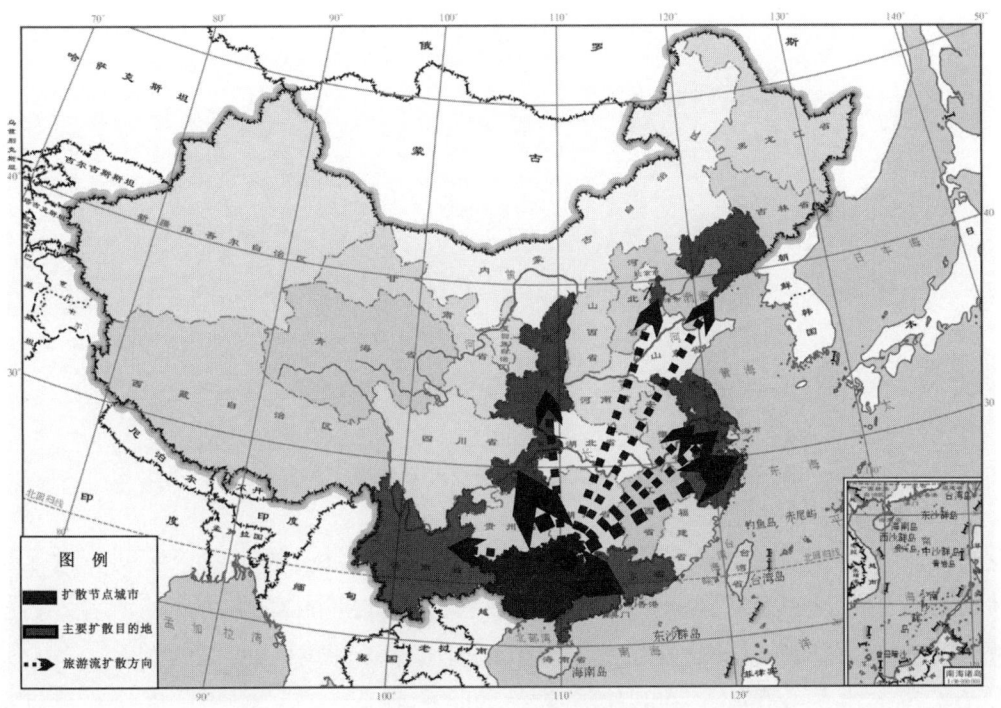

图 3-14　入境游客以桂林为节点的扩散方向示意图

资料来源：国家测绘地理信息局网站。审图号：GS（2016）1600 号。

八、昆明市：东向、东北向、北向、东南向

中国旅游研究院 2017 年度的抽样调查资料显示，入境游客以昆明为节点向外部扩散，排名前 9 位的主要扩散目的地城市依次为：桂林、重庆、成都、贵阳、西安、北京、广州、珠海、武汉。

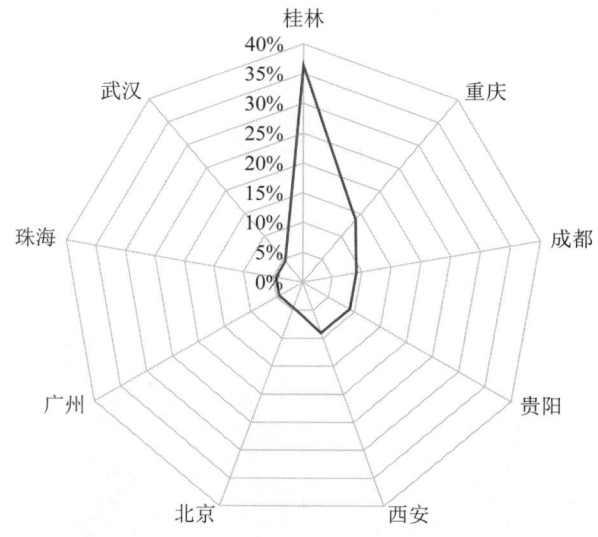

图 3-15　入境游客以昆明为节点向其他城市扩散雷达图

从入境游客以昆明为节点向其他城市扩散的数量份额来看，昆明扩散至桂林的游客最多，占总扩散人次的 36.36%；其次是昆明扩散至重庆的游客，占扩散总人次的 13.64%，排名第二；昆明扩散至成都、贵阳、西安的游客，各自均占总扩散人次的 9.09%，并列第三名；昆明扩散至北京、广州、珠海、武汉的游客，各自均占总扩散人次的 4.55%，并列第六名。

由此可见，入境游客以昆明为节点向其他城市扩散的近程性特征强于等级性特征：超过 68.18% 的入境游客扩散至桂林、重庆、贵阳、成都等邻近的直辖市、省会城市，或者旅游资源十分丰富的城市；另有 27.29% 的入境游客扩散至西安、北京、广州、武汉等一线城市，或者旅游资源十分丰富的省会城市；其余极少数游客扩散至其他城市。

按照客流的扩散方向，入境游客以昆明为节点向其他城市扩散主要集中在四个方向：东向、东北向、北向、东南向。

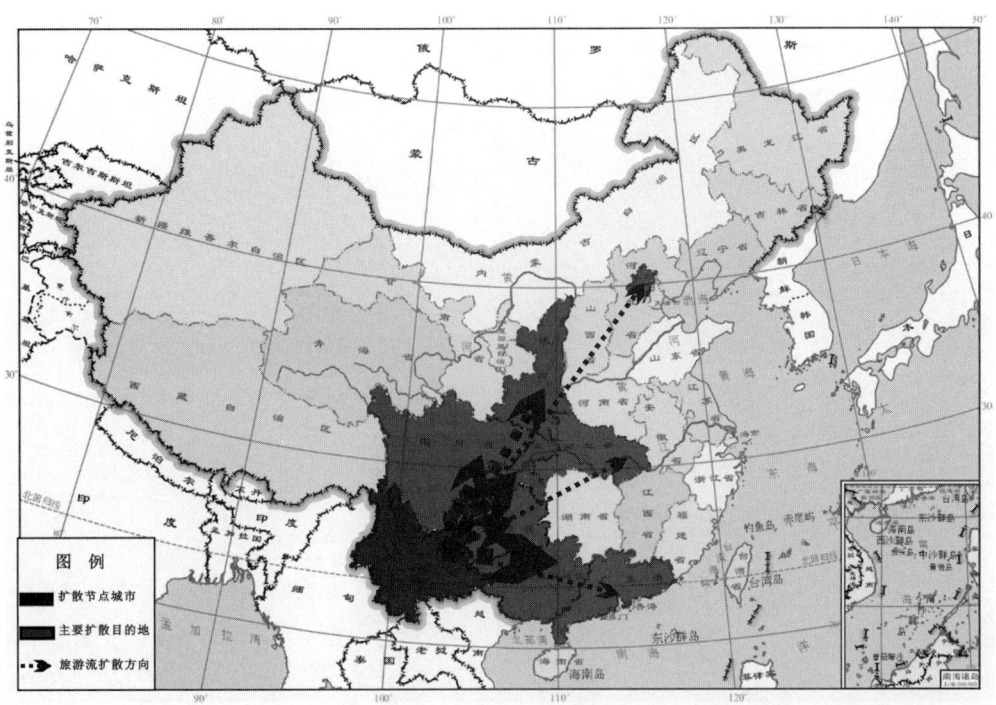

图 3-16　入境游客以昆明为节点的扩散方向示意图

资料来源：国家测绘地理信息局网站。审图号：GS（2016）1600 号。

九、沈阳市：南向、西向、东北向、西南向

中国旅游研究院 2017 年度的抽样调查资料显示，入境游客以沈阳为节点向外部扩散，排名前 9 位的主要扩散目的地城市依次为：大连、北京、长春、天津、朝阳、哈尔滨、上海、成都、黄山。

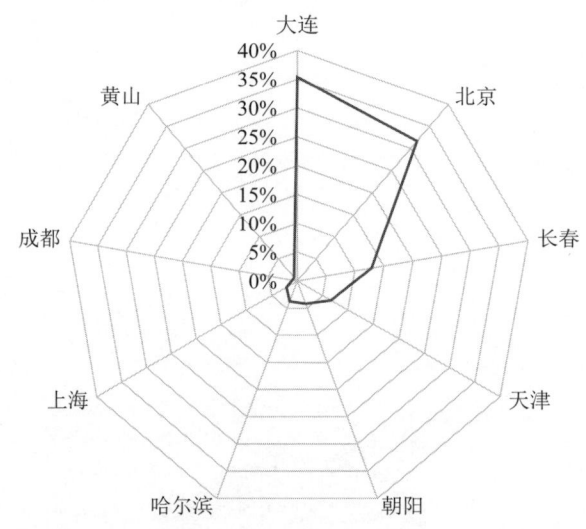

图 3-17　入境游客以沈阳为节点向其他城市扩散雷达图

从入境游客以沈阳为节点向其他城市扩散的数量份额来看，沈阳扩散至大连的游客最多，占总扩散人次的 35.42%；其次是沈阳扩散至北京的游客占总扩散人次的 31.67%，排名第二；沈阳扩散至长春的游客占总扩散人次的 12.92%，排名第三；沈阳扩散至天津的游客占总扩散人次的 6.67%，排名第四；沈阳扩散至朝阳的游客占总扩散人次的 4.17%，排名第五；沈阳扩散至哈尔滨的游客占总扩散人次的 3.75%，排名第六；沈阳扩散至上海的游客占总扩散人次的 2.08%，排名第七；沈阳扩散至成都、黄山的游客，各自均占总扩散人次的 0.83%，并列第八名。

由此可见，入境游客以沈阳为节点向其他城市扩散的近程性特征强于等级性特征：超过 80.81% 的入境游客扩散至北京、大连、长春等一线城市、邻近省会城市，以及省内的热点旅游城市；另有 18.33% 的入境游客扩散至上海、天

津、成都、黄山等一线城市，以及旅游资源十分丰富的热点旅游城市；其余极少数游客扩散至其他城市。

按照客流的扩散方向，入境游客以沈阳为节点向其他城市扩散主要集中在四个方向：南向、西向、东北向、西南向。

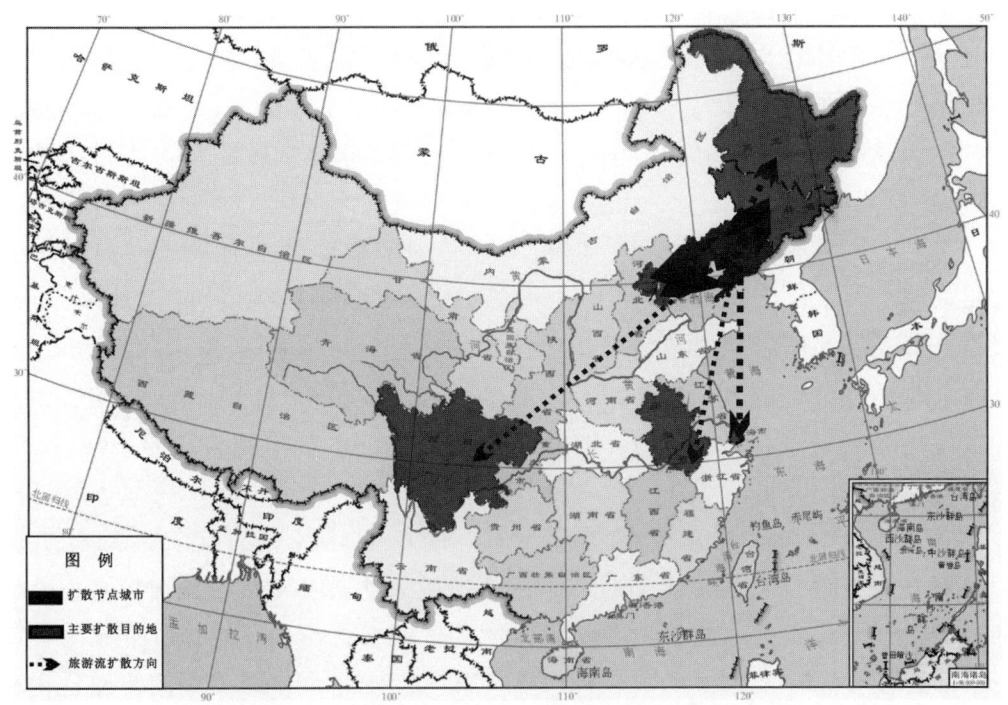

图 3-18　入境游客以沈阳为节点的扩散方向示意图

资料来源：国家测绘地理信息局网站。审图号：GS（2016）1600 号。

第二节　典型城市入境旅游客流的路径

一、北京市：北京→天津路径占据优势

由于入境游客扩散路径的集中化程度较高，扩散路径呈现出较强的规律特征。根据中国旅游研究院 2018 年度的抽样调查问卷，将入境游客以北京为节点

的旅游扩散路径进行归纳总结，从中整理主要的客流扩散方向，结合不同方向覆盖区域所包含的入境旅游典型城市，可从中筛选出 25 条具有代表性的旅游扩散路径。其中：

（1）入境游客以北京为节点向东北方向的扩散路径较有代表性的有 5 条：①北京→天津路径的人数比例最高，占总扩散人次的 23.68%，排名第一；②北京→沈阳路径次之，占总扩散人次的 5.26%，排名第二；③北京→天津→青岛路径占总扩散人次的 1.58%，排名第三；④北京→沈阳→哈尔滨路径占总扩散人次的 1.32%，排名第四；⑤北京→天津→秦皇岛路径占扩散人次的 0.79%，排名第五。

（2）入境游客以北京为节点向东南方向的扩散路径较有代表性的有 5 条：①北京→上海路径的人数比例最高，占总扩散人次的 13.42%，排名第一；②北京→上海→杭州路径次之，占总扩散人次的 3.95%，排名第二；③北京→上海→南京路径占总扩散人次的 2.21%，排名第三；④北京→杭州→上海路径占总扩散人次的 1.84%，排名第四；⑤北京→青岛路径占总扩散人次的 1.05%，排名第五。

（3）入境游客以北京为节点向西方向的扩散路径较有代表性的有 5 条：①北京→西安路径的人数比例最高，占总扩散人次的 8.42%，排名第一；②北京→西安→上海路径次之，占总扩散人次的 3.68%，排名第二；③北京→西安→成都路径占总扩散人次的 3.16%，排名第三；④北京→西安→南京路径占总扩散人次的 1.58%，排名第四；⑤北京→太原路径占总扩散人次的 0.26%，排名第五。

（4）入境游客以北京为节点向南方向的扩散路径较有代表性的有 5 条：①北京→重庆路径的人数比例最高，占总扩散人次的 3.95%，排名第一；②北京→成都路径次之，占总扩散人次的 3.16%，排名第二；③北京→重庆→成都路径占总扩散人次的 1.84%，排名第三；④北京→成都→广州路径占总扩散人次的 1.58%，排名第四；⑤北京→丽江路径占总扩散人次的 0.79%，排名第五。

（5）入境游客以北京为节点向西南方向的扩散路径较有代表性的有 5 条：①北京→广州路径的人数比例最高，占总扩散人次的 2.63%，排名第一；②北京→广州→杭州路径次之，占总扩散人次的 1.84%，排名第二；③北京→深圳路径占总扩散人次的 1.58%，排名第三；④北京→厦门路径占总扩散人次的 1.32%，排名第四；⑤北京→广州→珠海路径占总扩散人次的 0.79%，排名第五。

表 3-1　入境游客以北京为节点的主要扩散路径

路径类别	扩散路径				
东北向扩散路径	北京→天津	北京→沈阳	北京→天津→青岛	北京→沈阳→哈尔滨	北京→天津→秦皇岛
人数比例/%	23.68	5.26	1.58	1.32	0.79
东南向扩散路径	北京→上海	北京→上海→杭州	北京→上海→南京	北京→杭州→上海	北京→青岛
人数比例/%	13.42	3.95	2.21	1.84	1.05
西向扩散路径	北京→西安	北京→西安→上海	北京→西安→成都	北京→西安→南京	北京→太原
人数比例/%	8.42	3.68	3.16	1.58	0.26
南向扩散路径	北京→重庆	北京→成都	北京→重庆→成都	北京→成都→广州	北京→丽江
人数比例/%	3.95	3.16	1.84	1.58	0.79
西南向扩散路径	北京→广州	北京→广州→杭州	北京→深圳	北京→厦门	北京→广州→珠海
人数比例/%	2.63	1.84	1.58	1.32	0.79

从这 25 条主要的扩散路径可以看出：入境游客离开北京之后，继续向中国其他城市扩散转移，其中沈阳、上海、西安、重庆、天津、成都、广州、深圳、南京、杭州、大连、秦皇岛、哈尔滨、珠海等热点旅游城市是入境游客离开北京之后在境内扩散的主要途径地。

二、上海市：上海→北京路径占据优势

由于入境游客扩散路径的集中化程度较高，扩散路径呈现出较强的规律特征。根据中国旅游研究院 2018 年度的抽样调查问卷，将入境游客以上海为节点的旅游扩散路径进行归纳总结，从中整理主要的客流扩散方向，结合不同方向覆盖区域所包含的入境旅游典型城市，可从中筛选出 25 条具有代表性的旅游扩散路径。其中：

（1）入境游客以上海为节点向北方向的扩散路径较有代表性的有 5 条：①上海→北京路径的人数比例最高，占总扩散人次的 15.90%，排名第一；②上

海→北京→西安路径次之,占总扩散人次的5.20%,排名第二;③上海→北京→承德路径占总扩散人次的1.45%,排名第三;④上海→北京→天津路径占总扩散人次的0.87%,排名第四;⑤上海→沈阳路径占总扩散人次的0.58%,排名第五。

(2)入境游客以上海为节点向南方向的扩散路径较有代表性的有5条:①上海→杭州→南京路径的人数比例最高,占总扩散人次的15.03%,排名第一;②上海→杭州→苏州路径次之,占总扩散人次的6.36%,排名第二;③上海→杭州→嘉兴→绍兴路径占总扩散人次的2.31%,排名第三;④上海→杭州→黄山和上海→厦门两条路径,均占总扩散人次的0.87%,并列第四名。

(3)入境游客以上海为节点向西北方向的扩散路径较有代表性的有5条:①上海→南京→杭州→苏州路径的人数比例最高,占总扩散人次的13.87%,排名第一;②上海→苏州→杭州路径次之,占总扩散人次的5.20%,排名第二;③上海→南京→杭州→无锡路径占总扩散人次的3.47%,排名第三;④上海→黄山路径占总扩散人次的2.02%,排名第四;⑤上海→苏州→杭州路径占总扩散人次的0.58%,排名第五。

(4)入境游客以上海为节点向西方向的扩散路径较有代表性的有5条:①上海→西安→北京路径的人数比例最高,占总扩散人次的4.91%,排名第一;②上海→西安→成都路径次之,占总扩散人次的2.31%,排名第二;③上海→西安→重庆路径占总扩散人次的1.45%,排名第三;④上海→西安→桂林路径占总扩散人次的0.87%,排名第四;⑤上海→西安→敦煌路径占总扩散人次的0.58%,排名第五。

(5)入境游客以上海为节点向西南方向的扩散路径较有代表性的有5条:①上海→成都路径的人数比例最高,占总扩散人次的4.34%,排名第一;②上海→重庆路径次之,占总扩散人次的2.31%,排名第二;③上海→广州路径占总扩散人次的1.73%,排名第三;④上海→广州→深圳和上海→武汉→重庆→成都路径,均占总扩散人次的0.87%,并列第四。

表3-2 入境游客以上海为节点的主要扩散路径

路径类别	扩散路径				
北向扩散路径	上海→北京	上海→北京→西安	上海→北京→承德	上海→北京→天津	上海→沈阳

续表

路径类别	扩散路径				
人数比例/%	15.90	5.20	1.45	0.87	0.58
南向扩散路径	上海→杭州→南京	上海→杭州→苏州	上海→杭州→嘉兴→绍兴	上海→杭州→黄山	上海→厦门
人数比例/%	15.03	6.36	2.31	0.87	0.87
西北向扩散路径	上海→南京→杭州→苏州	上海→苏州→杭州	上海→南京→杭州→无锡	上海→黄山	上海→苏州→扬州
人数比例/%	13.87	5.20	3.47	2.02	0.58
西向扩散路径	上海→西安→北京	上海→西安→成都	上海→西安→重庆	上海→西安→桂林	上海→西安→敦煌
人数比例/%	4.91	2.31	1.45	0.87	0.58
西南向扩散路径	上海→成都	上海→重庆	上海→广州	上海→广州→深圳	上海→武汉→重庆→成都
人数比例/%	4.34	2.31	1.73	0.87	0.87

从这25条主要的扩散路径可以看出：入境游客离开上海之后，继续向中国其他城市扩散转移，其中北京、杭州、西安、南京、深圳、成都、重庆、广州、苏州、敦煌、天津等热点旅游城市是入境游客离开上海之后在境内扩散的主要途径地。

三、广州市：广州→深圳路径占据优势

由于入境游客扩散路径的集中化程度较高，扩散路径呈现出较强的规律特征。根据中国旅游研究院2018年度的抽样调查问卷，将入境游客以广州为节点的旅游扩散路径进行归纳总结，从中整理主要的客流扩散方向，结合不同方向覆盖区域所包含的入境旅游典型城市，可从中筛选出20条具有代表性的旅游扩散路径。其中：

（1）入境游客以广州为节点向省内的扩散路径较有代表性的有5条：①广州→深圳路径的人数比例最高，占总扩散人次的19.89%，排名第一；②广州→深圳→佛山路径次之，占总扩散人次的9.09%，排名第二；③广州→深圳→

珠海路径占总扩散人次的6.25%，排名第三；④广州→佛山→深圳路径占总扩散人次的3.41%，排名第四；⑤广州→珠海→佛山路径占总扩散人次的1.70%，排名第五。

（2）入境游客以广州为节点向东北方向的扩散路径较有代表性的有5条：①广州→北京路径的人数比例最高，占总扩散人次的10.23%，排名第一；②广州→北京→上海路径次之，占总扩散人次的5.68%，排名第二；③广州→北京→重庆路径占总扩散人次的4.55%，排名第三；④广州→济南→北京路径占总扩散人次的2.27%，排名第四；⑤广州→北京→西安路径占总扩散人次的1.70%，排名第五。

（3）入境游客以广州为节点向北方向的扩散路径较有代表性的有5条：①广州→重庆→上海路径的人数比例最高，占总扩散人次的4.55%，排名第一；②广州→西安路径次之，占总扩散人次的3.41%，排名第二；③广州→重庆路径占总扩散人次的2.84%，排名第三；④广州→重庆→成都路径占总扩散人次的1.70%，排名第四；⑤广州→重庆→西安路径占总扩散人次的1.14%，排名第五。

（4）入境游客以广州为节点向西北方向的扩散路径较有代表性的有5条：①广州→上海路径的人数比例最高，占总扩散人次的3.41%，排名第一；②广州→上海→北京路径次之，占总扩散人次的2.84%，排名第二；③广州→杭州→上海路径占总扩散人次的2.27%，排名第三；④广州→南京路径占总扩散人次的1.70%，排名第四；⑤广州→南京→上海路径占总扩散人次的1.14%，排名第五。

表3-3 入境游客以广州为节点的主要扩散路径

路径类别	扩散路径				
省内扩散路径	广州→深圳	广州→深圳→佛山	广州→深圳→珠海	广州→佛山→深圳	广州→珠海→佛山
人数比例/%	19.89	9.09	6.25	3.41	1.70
东北向扩散路径	广州→北京	广州→北京→上海	广州→北京→重庆	广州→济南→北京	广州→北京→西安
人数比例/%	10.23	5.68	4.55	2.27	1.70
北向扩散路径	广州→重庆→上海	广州→西安	广州→重庆	广州→重庆→成都	广州→重庆→西安

续表

路径类别	扩散路径				
人数比例/%	4.55	3.41	2.84	1.70	1.14
西北向扩散路径	广州→上海	广州→上海→北京	广州→杭州→上海	广州→南京	广州→南京→上海
人数比例/%	3.41	2.84	2.27	1.70	1.14

从这20条主要的扩散路径可以看出：入境游客离开广州之后，继续向省内和省外的其他城市扩散转移，其中深圳、珠海、上海、北京、重庆、佛山、成都、南京、杭州、苏州、西安、济南等热点旅游城市是入境游客离开广州之后在境内扩散的主要途径地。

四、西安市：西安→北京路径长期主流

由于入境游客扩散路径的集中化程度较高，扩散路径呈现出较强的规律特征。根据中国旅游研究院2018年度的抽样调查问卷，将入境游客以西安为节点的旅游扩散路径进行归纳总结，从中整理主要的客流扩散方向，结合不同方向覆盖区域所包含的入境旅游典型城市，可从中筛选出25条具有代表性的旅游扩散路径。其中：

（1）入境游客以西安为节点向东北方向的扩散路径较有代表性的有5条：①西安→北京路径的人数比例最高，占总扩散人次的10.75%，排名第一；②西安→北京→上海路径次之，占总扩散人次的6.45%，排名第二；③西安→北京→杭州路径占总扩散人次的3.23%，排名第三；④西安→北京→重庆路径占总扩散人次的2.69%，排名第四；⑤西安→济南路径占总扩散人次的1.08%，排名第五。

（2）入境游客以西安为节点向东方向的扩散路径较有代表性的有5条：①西安→咸阳路径的人数比例最高，占总扩散人次的9.68%，排名第一；②西安→延安→咸阳路径次之，占总扩散人次的6.45%，排名第二；③西安→延安路径占总扩散人次的4.84%，排名第三；④西安→咸阳→延安路径占总扩散人次的3.76%，排名第四；⑤西安→咸阳→渭南路径占总扩散人次的1.08%，排名第五。

（3）入境游客以西安为节点向西南方向的扩散路径较有代表性的有5条：①西安→成都路径的人数比例最高，占总扩散人次的5.38%，排名第一；②西安→成都→重庆路径占总扩散人次的4.84%，排名第二；③西安→成都→北京路径占总扩散人次的2.69%，排名第四；④西安→成都→长沙路径占总扩散人次的2.15%，排名第四；⑤西安→重庆路径占总扩散人次的1.61%，排名第五。

（4）入境游客以西安为节点向南方向的扩散路径较有代表性的有5条：①西安→广州路径的人数比例最高，占总扩散人次的5.38%，排名第一；②西安→广州→深圳路径次之，占总扩散人次的2.15%，排名第二；③西安→桂林路径占总扩散人次的1.61%，排名第三；④西安→桂林→成都路径占总扩散人次的1.08%，排名第四；⑤西安→桂林→重庆路径占总扩散人次的0.54%，排名第五。

（5）入境游客以西安为节点向西方向的扩散路径较有代表性的有5条：①西安→兰州路径的人数比例最高，占总扩散人次的4.30%，排名第一；②西安→兰州→西宁路径次之，占总扩散人次的2.15%，排名第二；③西安→兰州→敦煌路径占总扩散人次的1.61%，排名第三；④西安→宝鸡路径占总扩散人次的1.08%，排名第四；⑤西安→兰州→西宁路径占总扩散人次的0.54%，排名第五。

表3-4 入境游客以西安为节点的主要扩散路径

路径类别	扩散路径				
东北向扩散路径	西安→北京	西安→北京→上海	西安→北京→杭州	西安→北京→重庆	西安→济南
人数比例/%	10.75	6.45	3.23	2.69	1.08
东向扩散路径	西安→咸阳	西安→延安→咸阳	西安→延安	西安→咸阳→延安	西安→咸阳→渭南
人数比例/%	9.68	6.45	4.84	3.76	1.08
西南向扩散路径	西安→成都	西安→成都→重庆	西安→成都→北京	西安→成都→长沙	西安→重庆
人数比例/%	5.38	4.84	2.69	2.15	1.61
南向扩散路径	西安→广州	西安→广州→深圳	西安→桂林	西安→桂林→成都	西安→桂林→重庆

续表

路径类别	扩散路径				
人数比例/%	5.38	2.15	1.61	1.08	0.54
西向扩散路径	西安→兰州	西安→兰州→西宁	西安→兰州→敦煌	西安→宝鸡	西安→兰州→西宁
人数比例/%	4.30	2.15	1.61	1.08	0.54

从这25条主要的扩散路径可以看出：入境游客离开西安之后，继续向中国其他城市扩散转移，其中北京、上海、成都、杭州、昆明、桂林、重庆、西宁、长沙、宝鸡、苏州、兰州、敦煌等热点旅游城市是入境游客离开西安之后在境内扩散的主要途径地。

五、成都市：成都→重庆路径优势突出

由于入境游客扩散路径的集中化程度较高，扩散路径呈现出较强的规律特征。根据中国旅游研究院2018年度的抽样调查问卷，将入境游客以成都为节点的旅游扩散路径进行归纳总结，从中整理主要的客流扩散方向，结合不同方向覆盖区域所包含的入境旅游典型城市，可从中筛选出25条具有代表性的旅游扩散路径。其中：

（1）入境游客以成都为节点向东方向的扩散路径较有代表性的有5条：①成都→重庆路径的人数比例最高，占总扩散人次的26.50%，排名第一；②成都→重庆→西安路径次之，占总扩散人次的5.98%，排名第二；③成都→上海→北京路径占总扩散人次的1.71%，排名第三；④成都→重庆→丽江路径占总扩散人次的1.28%，排名第四；⑤成都→杭州路径占总扩散人次的0.85%，排名第五。

（2）入境游客以成都为节点向西南方向的扩散路径较有代表性的有5条：①成都→九寨沟路径的人数比例最高，占总扩散人次的10.68%，排名第一；②成都→九寨沟→都江堰路径次之，占总扩散人次的6.84%，排名第二；③成都→都江堰路径占总扩散人次的3.42%，排名第三；④成都→乐山路径占总扩散人次的2.14%，排名第四；⑤成都→九寨沟→重庆路径占总扩散人次的1.71%，排名第五。

（3）入境游客以成都为节点向东北方向的扩散路径较有代表性的有5条：①成都→北京路径的人数比例最高，占总扩散人次的9.40%，排名第一；②成都→北京→上海路径次之，占总扩散人次的2.14%，排名第二；③成都→北京→重庆路径占总扩散人次的1.28%，排名第三；④成都→北京→承德路径占总扩散人次的0.85%，排名第四；⑤成都→济南路径占总扩散人次的0.43%，排名第五。

（4）入境游客以成都为节点向省内及向北方向的扩散路径较有代表性的有5条：①成都→九寨沟路径的人数比例最高，占总扩散人次的4.27%，排名第一；②成都→西安路径和成都→西安→北京路径次之，两条路径各自均占总扩散人次的1.28%，并列第二；③成都→乐山路径占总扩散人次的0.85%，排名第四；④成都→德阳路径占总扩散人次的0.43%，排名第五；

（5）入境游客以成都为节点向东南方向的扩散路径较有代表性的有5条：①成都→深圳路径的人数比例最高，占总扩散人次的1.28%，排名第一；②成都→广州→深圳路径和成都→广州路径，两条路径各自均占总扩散人次的0.85%，并列第二；③成都→深圳→广州和成都→深圳→珠海路径各占总扩散人次的0.43%，并列第四。

表3-5 入境游客以成都为节点的主要扩散路径

路径类别	扩散路径				
东向扩散路径	成都→重庆	成都→重庆→西安	成都→上海→北京	成都→重庆→丽江	成都→杭州
人数比例/%	26.50	5.98	1.71	1.28	0.85
西南向扩散路径	成都→九寨沟	成都→九寨沟→都江堰	成都→都江堰	成都→乐山	成都→九寨沟→重庆
人数比例/%	10.68	6.84	3.42	2.14	1.71
东北向扩散路径	成都→北京	成都→北京→上海	成都→北京→重庆	成都→北京→承德	成都→济南
人数比例/%	9.40	2.14	1.28	0.85	0.43
省内及北向扩散路径	成都→九寨沟	成都→西安	成都→西安→北京	成都→乐山	成都→德阳
人数比例/%	4.27	1.28	1.28	0.85	0.43

续表

路径类别	扩散路径				
东南向扩散路径	成都→深圳	成都→广州→深圳	成都→广州	成都→深圳→广州	成都→深圳→珠海
人数比例/%	1.28	0.85	0.85	0.43	0.43

从这 25 条主要的扩散路径可以看出：入境游客离开成都之后，继续向中国其他城市扩散转移，其中重庆、昆明、北京、九寨沟、深圳、西安、上海、杭州、乐山、济南、丽江、都江堰、德阳、广州等热点旅游城市是入境游客离开成都之后在境内扩散的主要途径地。

六、重庆市：重庆→成都路径继续担当主力

由于入境游客扩散路径的集中化程度较高，扩散路径呈现出较强的规律特征。根据中国旅游研究院 2018 年度的抽样调查问卷，将入境游客以重庆为节点的旅游扩散路径进行归纳总结，从中整理主要的客流扩散方向，结合不同方向覆盖区域所包含的入境旅游典型城市，可从中筛选出 24 条具有代表性的旅游扩散路径。其中：

（1）入境游客以重庆为节点向西方向的扩散路径较有代表性的有 5 条：①重庆→成都路径的人数比例最高，占总扩散人次的 37.44%，排名第一；②重庆→成都→昆明路径次之，占总扩散人次的 8.53%，排名第二；③重庆→成都→西安路径占总扩散人次的 5.21%，排名第三；④重庆→成都→九寨沟路径占总扩散人次的 2.84%，排名第四；⑤重庆→成都→长沙路径占总扩散人次的 1.42%，排名第五。

（2）入境游客以重庆为节点向北方向的扩散路径较有代表性的有 5 条：①重庆→北京路径的人数比例最高，占总扩散人次的 6.64%，排名第一；②重庆→北京→上海路径次之占总扩散人次的 1.90%，排名第二；③重庆→北京→广州路径占总扩散人次的 1.42%，排名第三；④重庆→北京→上海→广州路径和重庆→西安路径，各自均占总扩散人次的 0.95%，并列第四。

（3）入境游客以重庆为节点向东方向的扩散路径较有代表性的有 5 条：①重庆→广州路径的人数比例最高，占总扩散人次的 2.84%，排名第一；②重

庆→广州→北京路径占总扩散人次的 2.37%，排名第二；③重庆→广州→深圳路径占总扩散人次的 1.42%，排名第三；④重庆→长沙路径占总扩散人次的 0.95%，排名第四；⑤重庆→贵阳路径占总扩散人次的 0.47%，排名第五。

（4）入境游客以重庆为节点向南方向的扩散路径较有代表性的有 5 条：①重庆→上海路径的人数比例最高，占总扩散人次的 2.37%，排名第一；②重庆→杭州路径次之，占总扩散人次的 1.90%，排名第二；③重庆→上海→杭州路径占总扩散人次的 1.42%，排名第三；④重庆→杭州→上海路径占总扩散人次的 0.95%，排名第四；⑤重庆→贵阳路径占总扩散人次的 0.47%，排名第五。

（5）入境游客以重庆为节点向西南方向的扩散路径较有代表性的有 4 条：①重庆→昆明路径和重庆→昆明→大理路径的人数比例最高，两条路径各自均占总扩散人次的 0.95%，并列第一；②重庆→昆明→丽江路径和重庆→昆明→桂林路径，两条路径各自均占总扩散人次的 0.47%，并列第三。

表 3-6　入境游客以重庆为节点的主要扩散路径

路径类别	扩散路径				
西向扩散路径	重庆→成都	重庆→成都→昆明	重庆→成都→西安	重庆→成都→九寨沟	重庆→成都→长沙
人数比例/%	37.44	8.53	5.21	2.84	1.42
北向扩散路径	重庆→北京	重庆→北京→上海	重庆→北京→广州	重庆→北京→上海→广州	重庆→西安
人数比例/%	6.64	1.90	1.42	0.95	0.95
东向扩散路径	重庆→广州	重庆→广州→北京	重庆→广州→深圳	重庆→长沙	重庆→贵阳
人数比例/%	2.84	2.37	1.42	0.95	0.47
南向扩散路径	重庆→上海	重庆→杭州	重庆→上海→杭州	重庆→杭州→上海	重庆→武汉
人数比例/%	2.37	1.90	1.42	0.95	0.47
西南向扩散路径	重庆→昆明	重庆→昆明→大理	重庆→昆明→丽江	重庆→昆明→桂林	—
人数比例/%	0.95	0.95	0.47	0.47	—

从这 24 条主要的扩散路径可以看出：入境游客离开重庆之后，继续向中国

其他城市扩散转移，其中成都、贵阳、北京、长沙、广州、西安、武汉、杭州、昆明、深圳、上海、苏州、九寨沟、长沙、南京、桂林、大理、丽江等热点旅游城市是入境游客离开重庆之后在境内扩散的主要途径地。

七、桂林市：桂林→重庆路径略占优势

由于入境游客扩散路径的集中化程度较高，扩散路径呈现出较强的规律特征。根据中国旅游研究院2018年度的抽样调查问卷，将入境游客以桂林为节点的旅游扩散路径进行归纳总结，从中整理主要的客流扩散方向，结合不同方向覆盖区域所包含的入境旅游典型城市，可从中筛选出20条具有代表性的旅游扩散路径。其中：

（1）入境游客以桂林为节点向北方向的扩散路径较有代表性的有5条：①桂林→重庆路径的人数比例最高，占总扩散人次的10.14%，排名第一；②桂林→重庆→西安路径次之，占总扩散人次的8.70%，排名第二；③桂林→北京路径占总扩散人次的7.25%，排名第三；④桂林→天津→沈阳路径占总扩散人次的2.90%，排名第四；⑤桂林→西安→北京路径占总扩散人次的1.45%，排名第五。

（2）入境游客以桂林为节点向东方向的扩散路径较有代表性的有5条：①桂林→广州路径的人数比例最高，占总扩散人次的7.25%，排名第一；②桂林→广州→珠海路径次之，占总扩散人次的5.80%，排名第二；③桂林→广州→深圳路径占总扩散人次的4.35%，排名第三；④桂林→珠海路径占总扩散人次的2.90%，排名第四；⑤桂林→厦门路径占总扩散人次的1.45%，排名第五。

（3）入境游客以桂林为节点向东北方向的扩散路径较有代表性的有5条：①桂林→上海路径的人数比例最高，占总扩散人次的5.80%，排名第一；②桂林→杭州→上海路径次之，占总扩散人次的4.35%，排名第二；③桂林→南京→杭州和桂林→苏州→杭州路径，两条路径各自均占总扩散人次的2.90%，并列第三；④桂林→杭州路径占总扩散人次的1.45%，排名第五。

（4）入境游客以桂林为节点向西方向的扩散路径较有代表性的有5条：①桂林→昆明→重庆路径的人数比例最高，占总扩散人次的5.80%，排名第一；②桂林→昆明→重庆→成都路径和桂林→昆明次之，两条路径各自均占总扩散人次的2.90%，并列第二；③桂林→昆明→成都路径和桂林→昆明路径，两条

路径各自均占总扩散人次的 1.45%，并列第四。

表 3-7　入境游客以桂林为节点的主要扩散路径

路径类别	扩散路径				
北向扩散路径	桂林→重庆	桂林→重庆→西安	桂林→北京	桂林→天津→沈阳	桂林→西安→北京
人数比例/%	10.14	8.70	7.25	2.90	1.45
东向扩散路径	桂林→广州	桂林→广州→珠海	桂林→广州→深圳	桂林→珠海	桂林→厦门
人数比例/%	7.25	5.80	4.35	2.90	1.45
东北向扩散路径	桂林→上海	桂林→杭州→上海	桂林→南京→杭州	桂林→苏州→杭州	桂林→杭州
人数比例/%	5.80	4.35	2.90	2.90	1.45
西向扩散路径	桂林→昆明→重庆	桂林→昆明→重庆→成都	桂林→昆明	桂林→昆明→成都	桂林→昆明
人数比例/%	5.80	2.90	2.90	1.45	1.45

从这 20 条主要的扩散路径可以看出：入境游客离开桂林之后，继续向中国其他城市扩散转移，其中重庆、杭州、广州、昆明、南京、苏州、天津、西安、珠海、成都、北京、上海、苏州、深圳、厦门等热点旅游城市是入境游客离开桂林之后在境内扩散的主要途径地。

八、昆明市：昆明→桂林路径占据优势

由于入境游客扩散路径的集中化程度较高，扩散路径呈现出较强的规律特征。根据中国旅游研究院 2018 年度的抽样调查问卷，将入境游客以昆明为节点的旅游扩散路径进行归纳总结，从中整理主要的客流扩散方向，结合不同方向覆盖区域所包含的入境旅游典型城市，可从中筛选出 20 条具有代表性的旅游扩散路径。其中：

（1）入境游客以昆明为节点向东方向的扩散路径较有代表性的有 5 条：①昆明→桂林路径的人数比例最高，占总扩散人次的 14.81%，排名第一；②昆明→桂林→重庆→西安路径次之，占总扩散人次的 5.56%，排名第二；③昆明→

桂林→成都和昆明→桂林→广州路径，两条路径各自均占总扩散人次的3.70%，并列第三；④昆明→桂林→重庆路径占总扩散人次的1.85%，排名第四。

（2）入境游客以昆明为节点向北方向的扩散路径较有代表性的有5条：①昆明→重庆→成都路径的人数比例最高，占总扩散人次的7.41%，排名第一；②昆明→贵阳路径次之，占总扩散人次的5.56%，排名第二；③昆明→重庆→武汉和昆明→重庆→成都路径，两条路径各自均占总扩散人次的3.70%，并列第三；④昆明→重庆→北京路径占总扩散人次的1.85%，排名第五。

（3）入境游客以昆明为节点向东北方向的扩散路径较有代表性的有5条：①昆明→成都路径的人数比例最高，占总扩散人次的5.56%，排名第一；②昆明→成都→西安和昆明→西安路径次之，两条路径各自均占总扩散人次的3.70%，并列第二；③昆明→成都→北京路径和昆明→北京路径，两条路径各自均占总扩散人次的1.85%，并列第四。

（4）入境游客以昆明为节点向省内及向西方向的扩散路径较有代表性的有5条：①昆明→广州路径的人数比例最高，占总扩散人次的5.56%，排名第一；②昆明→广州→深圳路径占总扩散人次的3.70%，排名第二。③昆明→广州→珠海、昆明→广州→中山、昆明→珠海路径各自均占总扩散人次的1.85%，并列第四。

表3-8 入境游客以昆明为节点的主要扩散路径

路径类别	扩散路径				
东向扩散路径	昆明→桂林	昆明→桂林→重庆→西安	昆明→桂林→成都	昆明→桂林→广州	昆明→桂林→重庆
人数比例/%	14.81	5.56	3.70	3.70	1.85
北向扩散路径	昆明→重庆→成都	昆明→贵阳	昆明→重庆→武汉	昆明→重庆→成都	昆明→重庆→北京
人数比例/%	7.41	5.56	3.70	3.70	1.85
东北向扩散路径	昆明→成都	昆明→成都→西安	昆明→西安	昆明→成都→北京	昆明→北京
人数比例/%	5.56	3.70	3.70	1.85	1.85
省内及西向扩散路径	昆明→广州	昆明→广州→深圳	昆明→广州→珠海	昆明→广州→中山	昆明→珠海
人数比例/%	5.56	3.70	1.85	1.85	1.85

从这 20 条主要的扩散路径可以看出：入境游客离开昆明之后，继续向中国其他城市扩散转移，其中桂林、重庆、贵阳、西安、北京、成都、广州、长沙、武汉等热点旅游城市是入境游客离开昆明之后在境内扩散的主要途径地。

九、沈阳市：沈阳→北京路径继续占据优势

由于入境游客扩散路径的集中化程度较高，扩散路径呈现出较强的规律特征。根据中国旅游研究院 2018 年度的抽样调查问卷，将入境游客以沈阳为节点的旅游扩散路径进行归纳总结，从中整理主要的客流扩散方向，结合不同方向覆盖区域所包含的入境旅游典型城市，可从中筛选出 20 条具有代表性的旅游扩散路径。其中：

（1）入境游客以沈阳为节点向西南方向的扩散路径较有代表性的有 5 条：①沈阳→大连路径的人数比例最高，占总扩散人次的 21.58%，排名第一；②沈阳→大连→吉林路径次之，占总扩散人次的 5.40%，排名第二；③沈阳→大连→哈尔滨路径占总扩散人次的 2.88%，排名第三；④沈阳→大连→北京路径占总扩散人次的 2.16%，排名第四；⑤沈阳→大连→天津→北京路径占总扩散人次的 0.36%，排名第五。

（2）入境游客以沈阳为节点向南方向的扩散路径较有代表性的有 5 条：①沈阳→北京路径的人数比例最高，占总扩散人次的 17.27%，排名第一；②沈阳→北京→上海路径次之，占总扩散人次的 5.76%，排名第二；③沈阳→北京→哈成都路径占总扩散人次的 2.88%，排名第三；④沈阳→北京→杭州路径占总扩散人次的 1.80%，排名第四；⑤沈阳→北京→西安路径占总扩散人次的 1.44%，排名第五。

（3）入境游客以沈阳为节点向北方向的扩散路径较有代表性的有 5 条：①沈阳→吉林→哈尔滨路径的人数比例最高，占总扩散人次的 6.47%，排名第一；②沈阳→哈尔滨路径次之，占总扩散人次的 3.96%，排名第二；③沈阳→吉林→长春路径占总扩散人次的 3.24%，排名第三；④沈阳→哈尔滨→吉林路径占总扩散人次的 2.88%，排名第四；⑤沈阳→长春→哈尔滨路径占总扩散人次的 2.52%，排名第五。

（4）入境游客以沈阳为节点向西方向的扩散路径较有代表性的有 5 条：①沈阳→朝阳路径的人数比例最高，占总扩散人次的 2.88%，排名第一；②沈

阳→上海→北京路径次之，占总扩散人次的 1.80%，排名第三。③沈阳→成都→北京路径占总扩散人次的 1.08%，排名第三；④沈阳→黄山→上海路径占总扩散人次的 0.72%，排名第四；⑤沈阳→杭州→上海路径占总扩散人次的 0.36%，排名第五。

表 3-9　入境游客以沈阳为节点的主要扩散路径

路径类别	扩散路径				
西南向扩散路径	沈阳→大连	沈阳→大连→吉林	沈阳→大连→哈尔滨	沈阳→大连→北京	沈阳→大连→天津→北京
人数比例/%	21.58	5.40	2.88	2.16	0.36
南向扩散路径	沈阳→北京	沈阳→北京→上海	沈阳→北京→成都	沈阳→北京→杭州	沈阳→北京→西安
人数比例/%	17.27	5.76	2.88	1.80	1.44
北向扩散路径	沈阳→吉林→哈尔滨	沈阳→哈尔滨	沈阳→吉林→长春	沈阳→哈尔滨→吉林	沈阳→长春→哈尔滨
人数比例/%	6.47	3.96	3.24	2.88	2.52
西向扩散路径	沈阳→朝阳	沈阳→上海→北京	沈阳→成都→北京	沈阳→黄山→上海	沈阳→杭州→上海
人数比例/%	2.88	1.80	1.08	0.72	0.36

从这 20 条主要的扩散路径可以看出：入境游客离开沈阳之后，继续向中国其他城市扩散转移，其中北京、大连、上海、长春、广州、杭州、成都、西安、天津、哈尔滨、西安等热点旅游城市是入境游客离开沈阳之后在境内扩散的主要途径地。

第四章

2017 年中国入境旅游市场的
需求状况

本次调研使用的问卷是中国旅游研究院设计完成的"入境旅游行为调查问卷"①，共涉及22个变量。本次调研将变量抽象为5种范畴，分别为人文统计要素、消费决策影响因素、消费决策、消费结构、消费评价。调研始于2015年初，每个月完成一次调研。调研小组同时在北京、上海、广州、成都、重庆、西安、沈阳、杭州等口岸城市开展问卷调研，本次调研共收回有效问卷3247份。表4-1描述了各个变量范畴所包含的变量和变量内容。

表4-1 入境游客消费特征变量类别与标尺

所属类别	变量名	变量标尺
人文统计要素	性别	男性、女性
	年龄	15岁以下、15~24岁、25~34岁、35~44岁、45~59岁、60岁及以上
	学历	小学及以下、初中、高中/中专/技校、大学专科、大学本科、硕士及以上
	职业	1.农林牧渔2.科学研究、技术服务和地质勘查3.采矿业4.水利、环境和公共设施管理业5.制造业 6.居民服务和其他服务业7.教育8.电力、燃气及水的生产和供应业9.建筑业 10.卫生、社会保障和社会福利业11.文化体育和娱乐业12.交通运输、仓储和邮政业 13.国际组织14.信息传输、计算机服务和软件业 15.公共管理与社会组织（公务员）16.批发和零售业17.金融业18.住宿和餐饮业19.租赁和商务服务业20.下岗失业人员 21.房地产业22.学生23.商业咨询、市场研究、广告等 24.退休人员25.其他
	个人月收入	无收入、1000美元以下、1001~3000美元、3001~5000美元、5001~8000美元、8001~10 000美元、10 001~20 000美元、20 001美元以上
消费决策影响因素	出游频率	首次出游、重复出游
	旅游目的	了解中国特色文化、游览/观光、休闲/度假、探亲访友、商务、会议、文体/教育/科技交流、宗教/朝拜、健康医疗、其他
消费决策	信息收集渠道	网站/BBS/论坛、报纸/杂志/书籍、亲朋好友介绍、电视/广播、户外广告、电梯广告、机场/地铁广告、旅游宣传册、旅游会展、到旅行社咨询、旅游地自己的推广活动、其他
	查询信息内容	当地政策和法规、旅游景区接待情况、旅游产品和服务介绍、旅游交通/天气等生活信息、旅游购物环境情况、特色文化娱乐活动、旅游价格、其他
	目的地选择	旅行费用、距离、旅游地交通、住宿条件、旅行安全、信息获取、沟通交流、旅游地吸引力、特色饮食、休闲的环境、城市形象、节事活动、民风民俗、居民友善好客、其他

① 本章分析主要依赖于所选主要口岸城市的拦访问卷，因此研究的对象局限为具有有效需求且购买并消费我国旅游产品和服务的国际旅游者，而没能包含对具有潜在需求游客的分析。

续表

所属类别	变量名	变量标尺
消费决策	旅游伴侣	和家人一起出游，公司、班级、社团等集体出游，和好友结伴出游，网络结伴旅游，自助游组织出游，商务活动/会议培训旅游，独自出游，其他
	主要游览项目	山水风光、文物古迹、文化艺术、美食烹调、医疗保健、购物消费、气候生态、建筑设施、节庆会展、学习培训、乡村度假、其他
	景点数量选择	0、1~2、3~5、6~9、10个以上
	旅游时长选择	当天往返、2~3天、4~7天、8~15天、一个月以内、一个月以上
	住宿选择	豪华酒店、中等价位饭店、经济型饭店、社会旅馆、其他
消费结构	人均花费	500美元以下、501~1000美元、1001~2000美元、2001~3000美元、3001~5000美元、5001~10000美元、10001美元以上
	花费最高项目	景点门票、交通、餐饮、购物、文化娱乐、住宿、其他
消费评价	总体评价	现代化程度、美丽程度、知名度、开放度、信息化程度（智慧城市）
	城市建设	城市规划、卫生设施、无障碍设施、旧城和历史建筑保护、空气质量、自然生态、园林绿化、便利感
	城市管理	安全感（安全及急救信息）、应急救援系统（卫生系统、天气预报）、市容市貌、施工管理、市民形象和行为、文化氛围、民俗特色
	公共行业服务	供水和水质、供电、手机信号覆盖、互联网覆盖、农业现代化（如耕地保护、乡村旅游）、工业旅游、银行刷卡便利性、城市公交、出租车、长途客运、自驾车、步行道和自行车道、机场、火车站、交通标识
	窗口服务	餐饮、住宿、购物、文化娱乐、景区景点、旅行社、导游、产品和服务质量、发票具备及正规度、旅游公共服务、标准化程度

* 表中的"变量"，产生于调查问卷设计阶段，"变量标尺"为调查问卷各个题目的备选项，"所属类别"则是根据逻辑关系对变量的抽象。

上述 5 个类别的消费特征变量，除人文统计特征变量以外，其他的变量类别之间存在着在时间上继起关系。考察人文统计变量的分布情况，可以了解入境游市场需求的基础性构成。考察消费决策的影响因素和消费决策内容，可以了解旅游者的消费心理和行为表现。考察消费结构和消费评价，可以了解入境游客的满意度情况。

第一节　入境游客的人文统计特征

通过对 2017 年入境游客的人文统计特征调查分析发现：入境游客的性别比例基本回归常态；25~44 岁的游客为入境旅游市场的主力，超过入境游客总数的 70%；大学本科、大学专科、硕士及以上学历的入境游客人数比例最高，合计超过入境游客总数的 85%；入境游客中，各职业分布相对去年比较均匀，卫生、社会保障和社会福利业从业者以及教育从业者占比最高，合计超过游客总数的 15%；入境游客主要为中高收入人群，个人月收入在 3001~5000 美元、5001~8000 美元的人群，所占比例合计接近超过游客总数的五成。

一、男女游客的性别比例基本回归常态

与上年相比，受访入境游客的男女比例更趋平衡，其中女性入境游客占总体的 48.90%，男性入境游客占总体的 51.10%。

二、中青年游客是主体

受访入境游客主要的年龄分布区间主要是：25~34 岁（50.75%）和 35~44 岁（27.77%）。

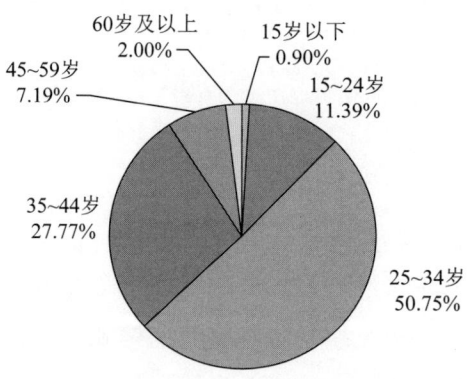

图 4-1　2017 年入境受访游客年龄分布

三、大学本科和大学专科学历的游客相对较多

受访入境游客主要的学历分布区间主要是：大学本科（53.90%）、大学专科（24.30%）、硕士及以上（9.40%）。

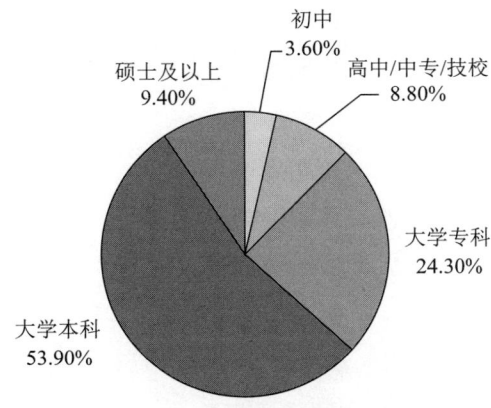

图4-2　2017年入境受访游客学历分布

四、卫生、社会保障和社会福利业及教育从业者居多

受访入境游客的主要从事的行业是：卫生、社会保障和社会福利业（8.70%），教育（7.40%），电气、燃气及水的生产和供应业（7.20%）等。

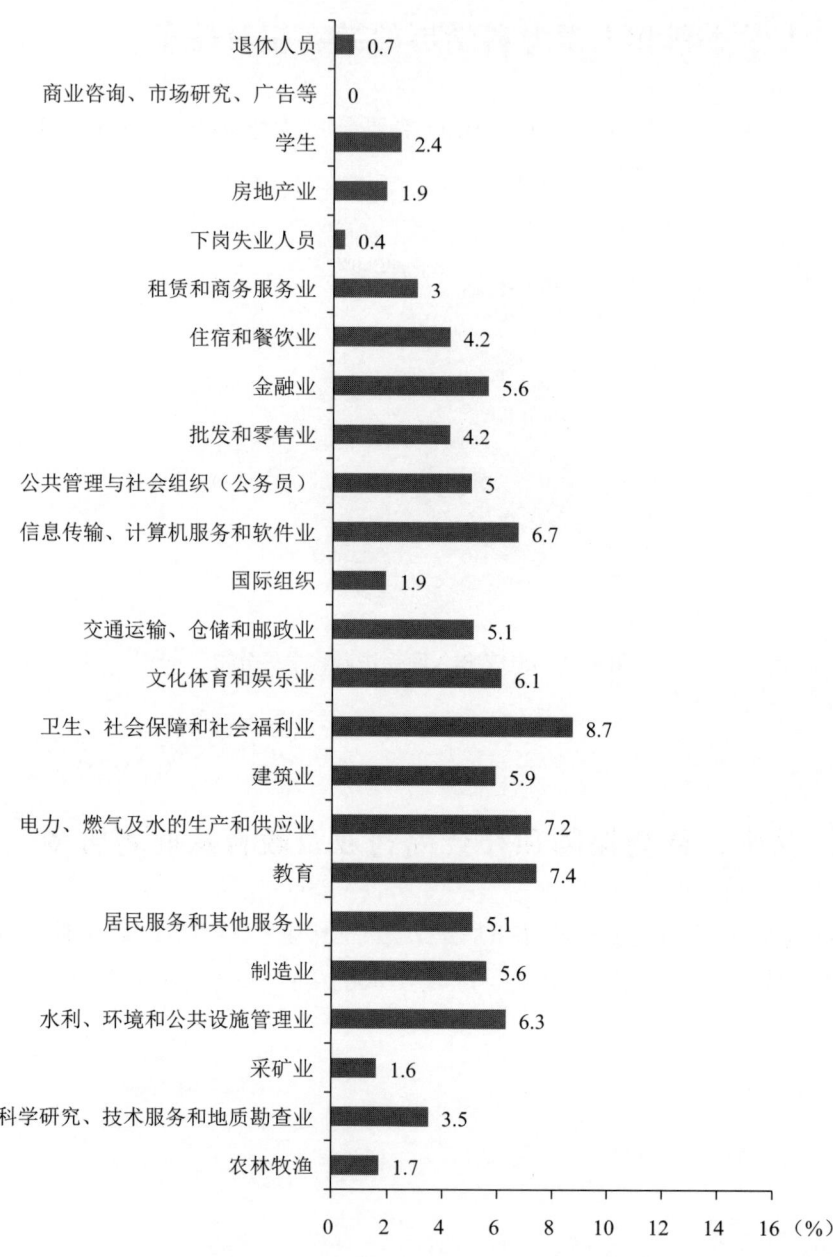

图 4-3 2017 年入境受访游客职业分布

五、中高等收入者为游客主体

受访入境游客主要的月收入分布区间主要是：3001~5000 美元（35.6%）、5001~8000 美元（30.6%）、1001~3000 美元（16.4%）。

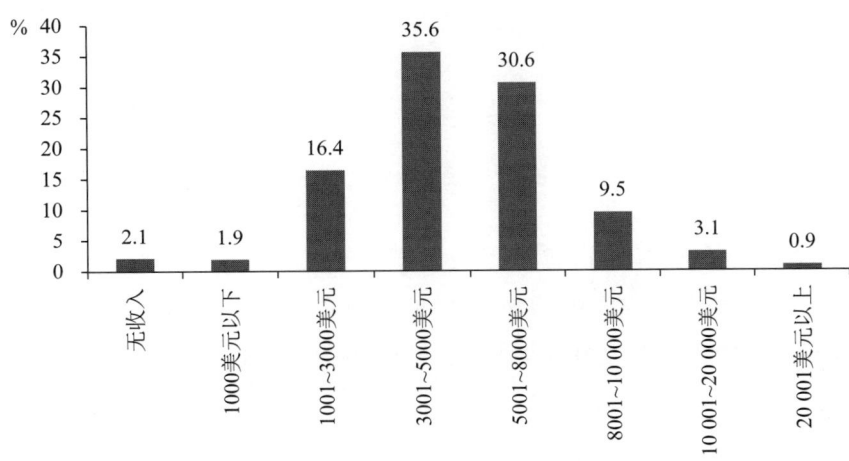

图 4-4 2017 年入境受访游客月收入分布

第二节 入境游客的消费决策影响因素与决策特征

一、入境游客的消费决策影响特征

调查结果显示，入境游客中首次到访中国的游客明显多于多次到访中国的游客；从入境游客出游目的来看，游览观光和休闲度假是主要的旅华目的。

（一）超九成的游客是第一次来中国

受访入境游客中，92.10% 的游客是第一次到中国旅游。

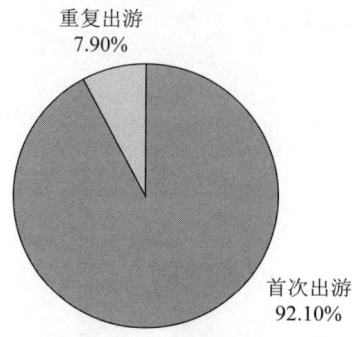

图 4-5　2017 年受访入境游客出游频率

（二）游览/观光和休闲/度假最吸引游客

受访入境游客中，主要的旅游目的是：游览/观光（25.7%）、休闲/度假（25.5%）、了解中国特色文化（21.2%）、探亲访友（11.8%）。

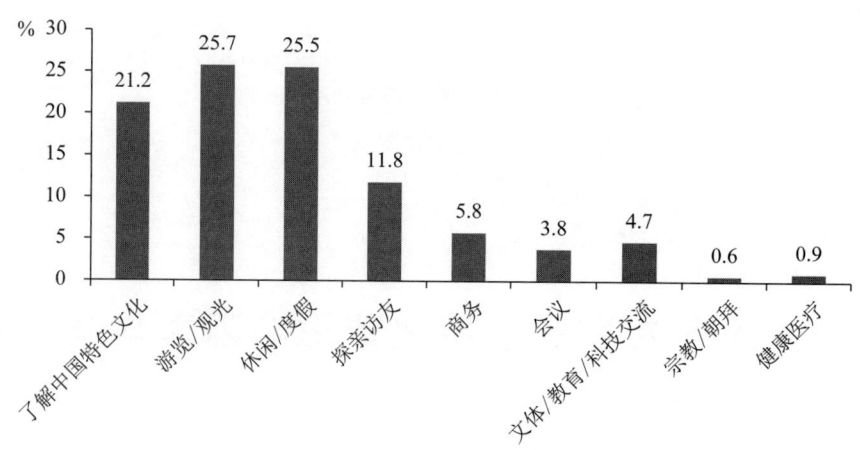

图 4-6　2017 年受访入境游客旅游目的

二、入境游客的消费决策特征

从调查结果来看，网站/BBS/论坛和报纸/杂志/书籍是最主要的信息来源，有 51.70% 的游客出游前会通过网站/BBS/论坛获取目的地的旅游相关信息，有 47.10% 的游客出游前会通过报纸/杂志/书籍获取旅游信息；出游前入境游客主要会了解旅游交通/天气等生活信息、旅游景区接待情况、旅游产品和服务介绍、特色文化娱乐活动等旅游信息；在选择目的地以及旅游景点时，旅游地交通是游客最为关注的问题，其次是旅游地吸引力，旅行安全和旅行费用也是较为影响入境游客目的地选择的因素；在出游伴侣的选择方面，约有27%的入境游客选择和家人一起出游，同时也约有27%的入境游客选择和好友结伴出游；入境游客主要的游览项目集中在文物古迹、文化艺术、山水风光、美食烹调上，所占比例分别为52.50%、48.00%、43.50%、38.50%；在景点数量的选择方面，45.60%的入境游客参观游览了6~9个旅游景点，具有最高的代表性；在华停留时长方面，39.70%的入境游客在华停留8~15天，最具代表性；在住宿选择方面，中等价位酒店（二星、三星酒店及同级酒店）成为入境游客的首选项。

（一）网站/BBS/论坛和报纸/杂志/书籍是最主要的信息来源

受访入境游客中，主要的信息搜索渠道是：网站/BBS/论坛（51.70%）、报纸/杂志/书籍（47.10%）、亲朋好友介绍（40.40%）、旅游宣传册（23.80%）等。

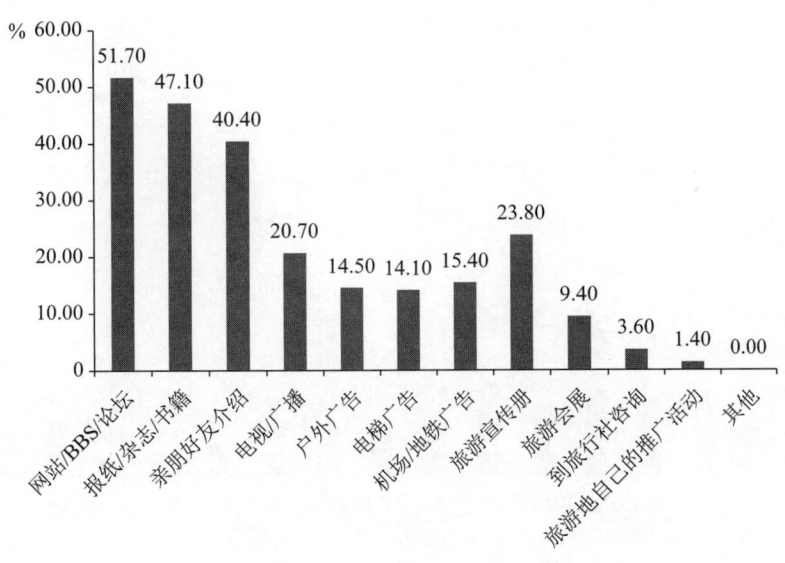

图4-7　2017年受访入境游客旅游信息获取渠道

（二）旅游交通及天气等生活信息、旅游景区接待情况等最受游客关注

受访入境游客中，主要的信息搜索内容是：旅游交通/天气等生活信息

（51.70%）、旅游景区接待情况（42.80%）、旅游产品和服务介绍（39.40%）、特色文化娱乐活动（38.00%）等。

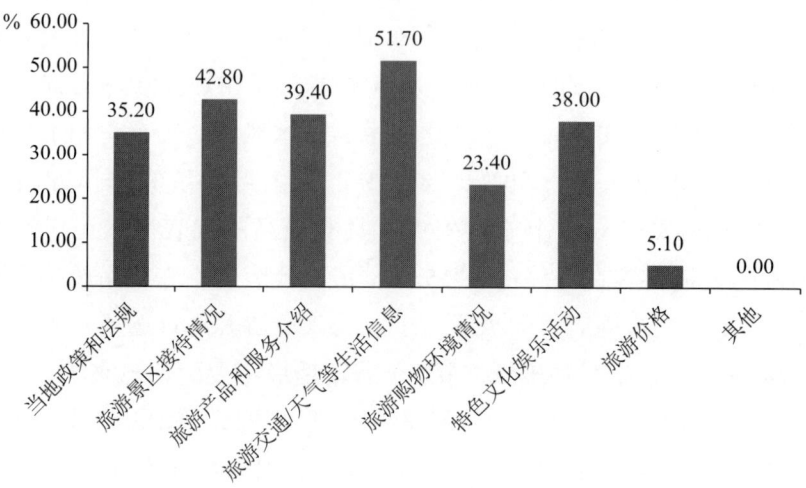

图4-8　2017年受访入境游客信息搜索内容

（三）旅游地交通、旅游地吸引力对目的地选择最具影响

受访入境游客中，目的地选择的主要影响因素是：旅游地交通（48.10%）、旅游地吸引力（41.40%）、旅行安全（23.90%）、旅行费用（22.20%）等。

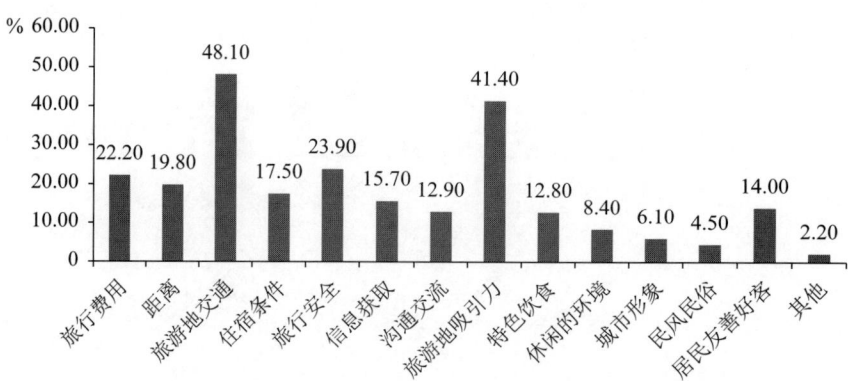

图4-9　2017年受访入境游客线路选择影响因素

（四）与家人、好友结伴出游最为常见

受访入境游客中，旅游伴侣主要是：和家人一起出游（27%）、和好友结伴出游（27%）、网络结伴旅游（14%）、自助游组织出游（12%）等。

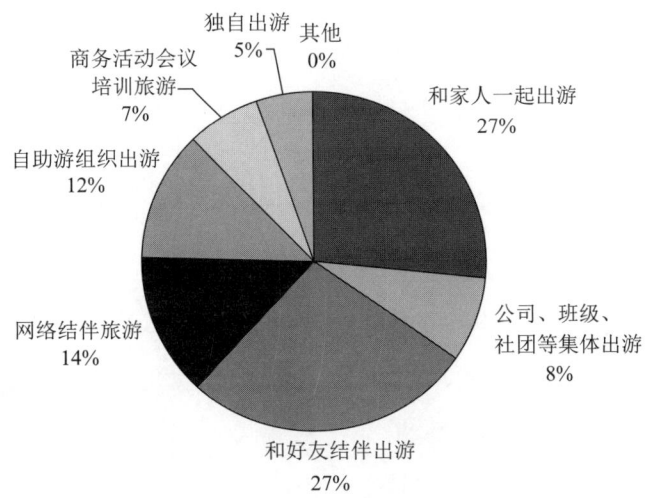

图 4-10　2017 年受访入境游客出游伴侣选择

（五）文物古迹、文化艺术、山水风光是游客最主要的游览项目

受访入境游客中，主要的游览项目是：文物古迹（52.50%）、文化艺术（48.00%）、山水风光（43.50%）、美食烹调（38.50%）等。

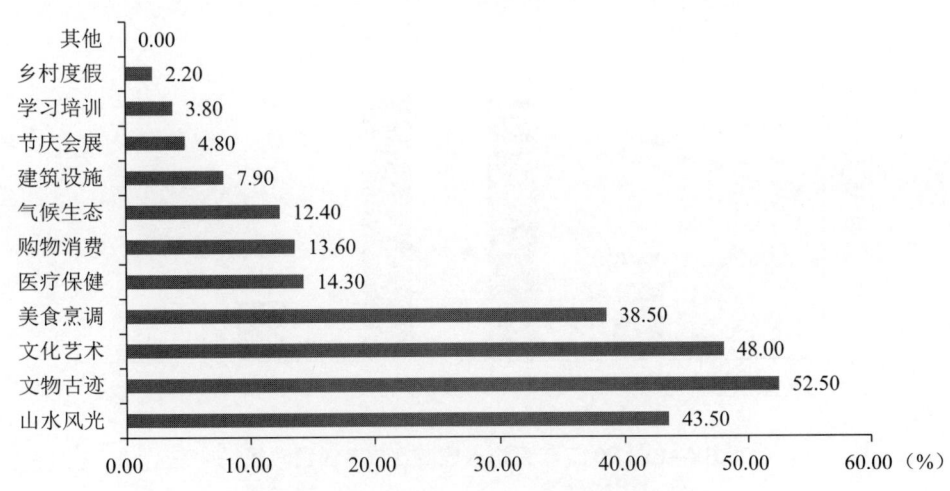

图 4-11　2017 年受访入境游客游览项目

（六）6~9 个景点的线路设计最受游客欢迎

受访入境游客中，景点数量的选择集中在 3~9 个，其中以 6~9 个景点的线路设计（45.6%）居多，其次是 3~5 个景点的线路设计（34.4%）。

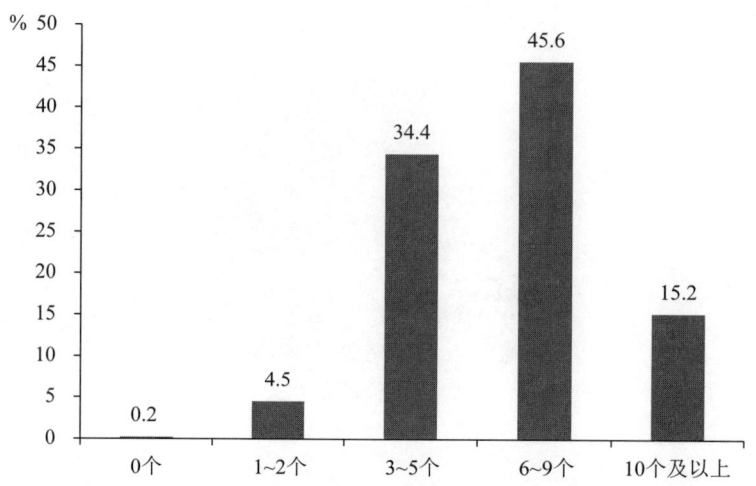

图 4-12　2017 年受访入境游客参观景点数

（七）8~15 天的停留时间最为普遍

受访入境游客中，旅游时长的选择以 8~15 天（39.70%）、4~7 天（38.80%）居多。

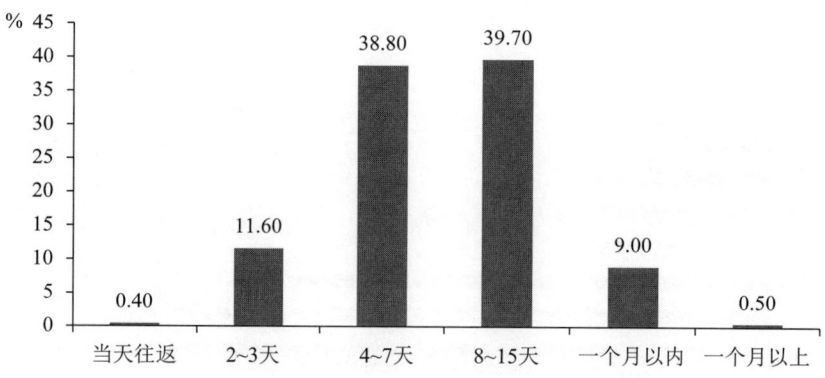

图 4-13　2017 年受访入境游客旅游停留时间

（八）中等价位酒店最受游客青睐

受访入境游客更倾向于选择中等价位酒店（二星、三星酒店及同级酒店）（49%）、经济型酒店（36%）、豪华酒店（12%）。

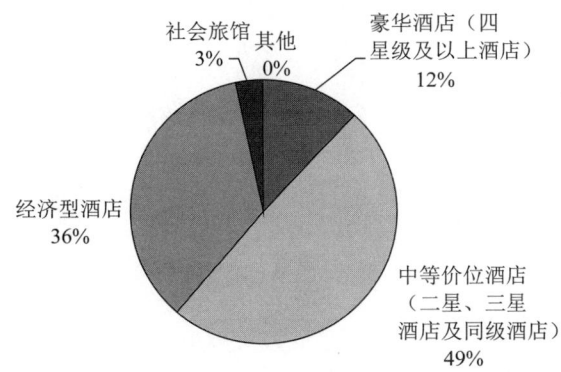

图 4-14　2017 年受访入境游客住宿选择

第三节　入境游客的消费结构与消费评价

一、入境游客的消费结构特征

从调查结果来看，中国入境游客人均消费呈现正态分布，中间大，两头小。超过 80% 的入境游客消费集中在 1001~5000 美元，另有 5.1% 的入境游客消费 501~1000 美元，有 0.4% 的入境游客消费在 500 美元以下，消费超过 5000 美元有 8.1%；从消费项目来看，38.2% 的游客表示文化娱乐是其最大的消费项目。

（一）中等消费群体比例过半

受访入境游客中，人均花费的主要分布区间是 2001~3000 美元（34.4%）、1001~2000 美元（30.9%）、3001~5000 美元（21.1%）。

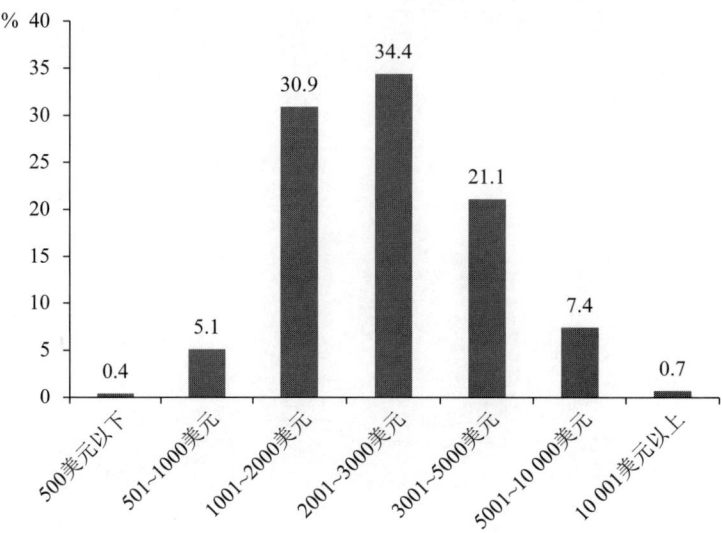

图 4-15　2017 年受访入境游客人均消费

（二）文化娱乐和交通支出占比最高

受访入境游客中，38.2% 的游客花费最高的项目是文化娱乐；19.2% 的游客花费最高的项目是交通；18.6% 的游客花费最高的项目是购物；17.0% 的游客花费最高的项目是餐饮。

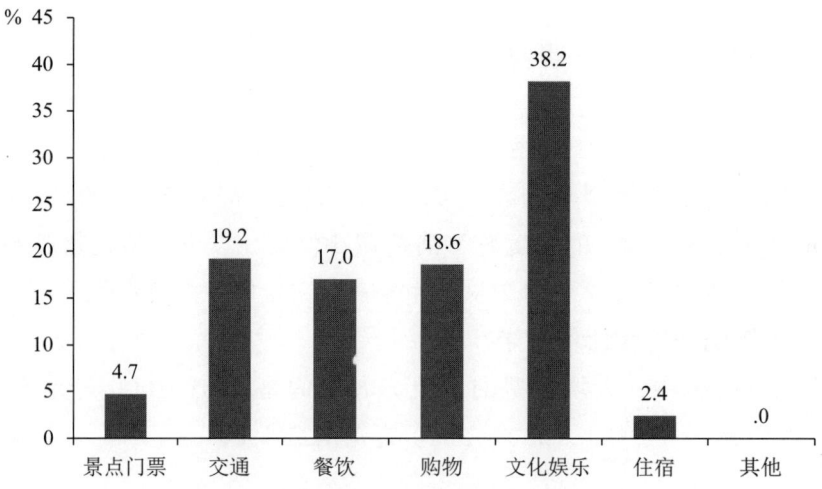

图 4-16　2017 年受访入境游客花费最高项目

二、入境游客的消费评价

调查结果显示,入境游客对各方面的评价都较好。无论目的地总体形象、城市建设、城市管理、公共行业服务还是窗口服务,游客对其评价均值基本皆在 8.9 分以上。但相对而言,仍有部分服务短板存在,如城市建设中的空气质量、卫生设施,公共行业服务中的工业旅游、供水和水质、农业现代化、自驾车、互联网覆盖、手机信号覆盖、长途客运,其得分分别为 8.75、8.80、8.81、8.82、8.83、8.84、8.84,低于平均水平。

(一)现代化程度和信息化程度最受游客肯定

游客对旅游目的地各项评价总体较高,其中现代化程度和信息化程度(智慧城市)最受游客肯定,其得分分别为 9.03 和 8.99。

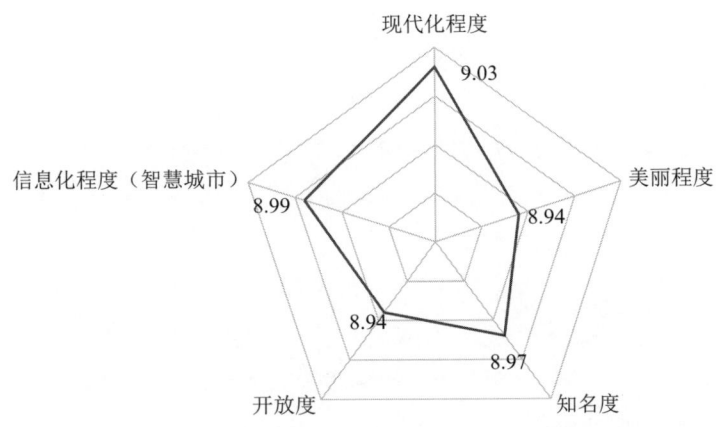

图 4-17　2017 年受访入境游客对我国旅游目的地的总体评价

(二)空气质量、卫生设施评价较低

入境游客对旅游目的地的空气质量、卫生设施评价分别为 8.87,8.90,低于平均水平。

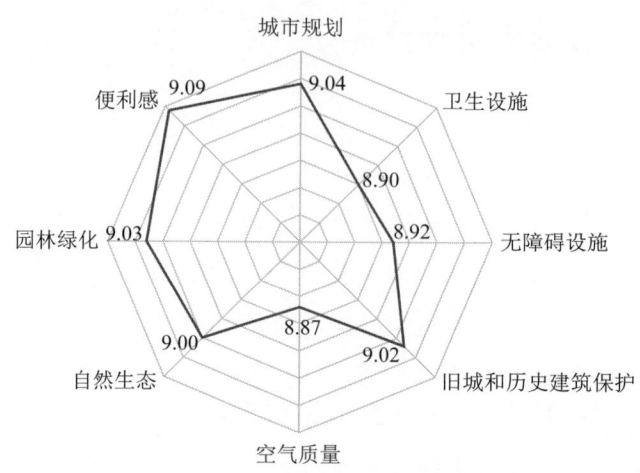

图4-18　2017年受访入境游客对我国旅游目的地城市建设评价

（三）民俗特色获认可，安全感评价较低

游客对旅游目的地城市管理各项评价具有差异性，其中民俗特色得分最高，为8.98，安全感（安全及急救信息）得分最低，为8.80。

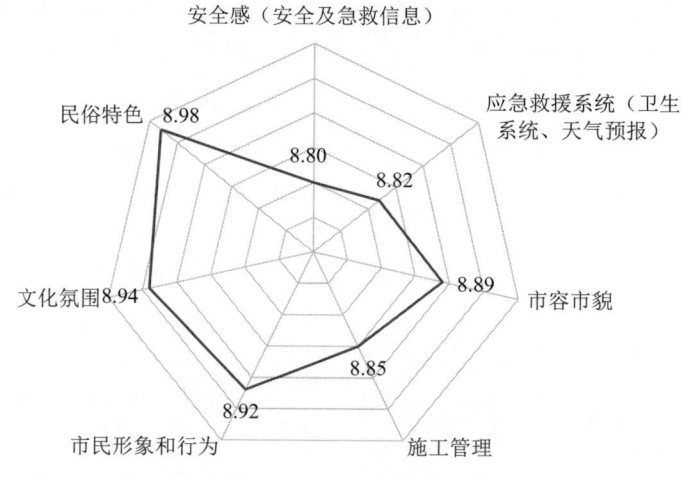

图4-19　2017年受访入境游客对我国旅游目的地城市管理评价

（四）工业旅游、供水和水质、农业现代化的评价较低

游客对工业旅游、供水和水质、农业现代化评价较低，分别为8.75、8.80、8.81。

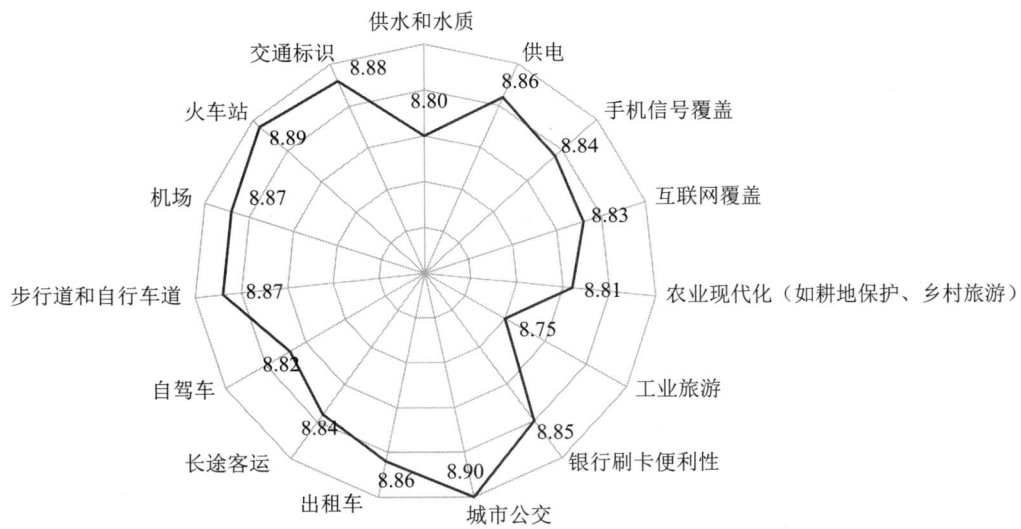

图 4-20　2017 年受访入境游客对我国旅游目的地公共行业服务的评价

（五）旅行社、导游和景区景点评价不乐观

游客对旅行社、导游和景区景点评价较低，分别为 8.84、8.90 和 8.91。

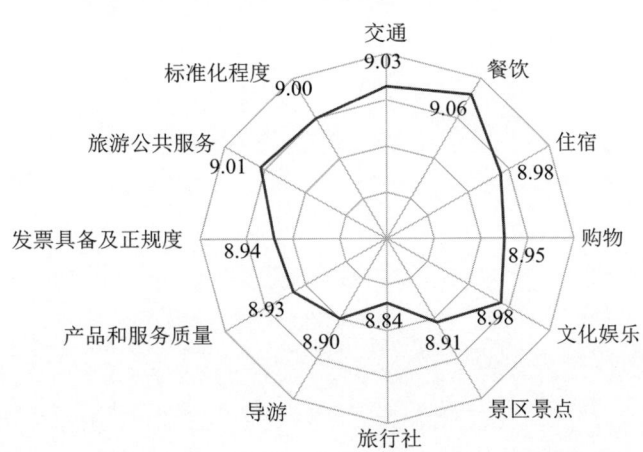

图 4-21　2017 年受访入境游客对我国旅游目的地窗口服务的评价

第五章
中国入境旅游发展趋势与建议

2017年由于受到旅游产业综合发展带动，以及签证便利化、国际航线加密、免退税业务落地、系列旅游年活动开展等正面因素的积极拉动，中国入境旅游市场实现了持续稳定的增长，市场结构已显露出优化趋势，"一带一路"沿线国家和地区在入境旅游市场中的活跃度持续上升。预计2018年中国入境旅游市场将继续保持稳步复苏的势头，并逐步进入全面恢复的发展通道。

新时代，我国社会的主要矛盾已转化为人民日益增长的美好生活需求和不平衡不充分的发展之间的矛盾。就旅游工作系统而言，体现为人民日益增长的旅游美好生活需求和不平衡不充分的旅游发展之间的矛盾。具体到入境旅游领域，则需要将结构优化与品质升级作为新时期入境旅游发展的根本导向，推动我国入境旅游市场平稳持续增长。

第一节 中国入境旅游发展的趋势预测

一、就发展阶段而论，中国入境旅游当前正处于从全面恢复转向持续增长的新阶段

当前中国入境旅市场整体趋稳向好。在全域旅游战略指引下，中国入境旅游市场规模与旅游消费稳步增长，入境客源市场日趋多元，市场结构逐步优化，旅游主题形象更加鲜明，宣传推广体系逐步完善，旅游产品结构更趋合理，旅游服务质量稳步提升，各项便利化政策逐步完善，均有力地促进了入境旅游市场的发展。全球经济整体复苏的势头也渐趋明朗，为中国入境旅游市场持续增长提供了有效的外部支撑。综合多项数据指标来看，近年来中国入境旅游市场虽有起伏，但整体上已走出金融危机后的萧条期，当前正处于从全面恢复转向持续增长的新阶段。

二、就发展环境来看,中国入境旅游依然面临来自外部和内部的诸多困难和挑战

从外部因素来看,当前全球范围内的金融危机和经济萧条仍未结束,外部经济运行的负面效应大大降低了国际旅游需求的转化率。一方面,世界各国特别是发达国家对旅游业特别是入境旅游的重视程度逐渐增强,持续出台促进旅游市场和产业发展的系列政策,对我国外国人入境旅游市场稳定增长和持续发展形成巨大压力;另一方面,日本、韩国以及东南亚等国家近年来纷纷通过签证便利化、购物免退税、航权开放、廉价航线,以及海外宣传推广升级等综合化措施,持续提升国际旅游竞争力,进而导致我国外国人入境旅游市场面临的分流压力日渐加大。

从内部因素来看,中国潜在的旅游资源优势未能充分转化为入境旅游市场所需的产品与服务,以及基础设施和综合服务配套的相对不足,仍然制约着中国入境旅游市场的发展。此外,中国入境旅游对外宣传推广工作的市场化程度与有效性有待进一步提升。以上因素均在一定程度上均制约了中国入境旅游市场的快速发展。

三、就市场规模而言,预计入境旅游市场有望全面恢复

就当前我国入境旅游市场的发展趋势来看,一方面依然无法避免主要客源市场经济增长乏力、国际游客出境旅游趋于保守、各旅游目的地竞争加剧、国际地缘政治的消极影响强化、入境游客在华消费意愿下降、我国入境旅游宣传推广体系有待进一步完善、我国旅游品牌建设仍处初级阶段等诸多负面因素的消极影响;另一方面入境旅游系统工程理念日益深入身心,国际旅游多元化需求逐步得到满足,因地制宜开发特色形象和主打旅游产品、旅游公共服务和市场监管逐步趋于优化。在这一系列现实因素的积极推动下,以及在国内旅游市场环境不断改善的背景下,预计2018年我国入境旅游市场将继续保持稳步复苏的势头,进入全面恢复的发展通道。

四、就发展模式而言,从过往团队接待的封闭型转向更加多元开放已成主流趋势

今后中国入境旅游的发展模式有望告别"封闭红利"转向"开放红利"。随

着旅游客源地营销和全球推广的日益强化，签证、通关、免税、退税、航权等多项宏观便利化政策的落地实施，特别是全域旅游战略的强力引领，带来了旅游目的地建设和产品创新热潮，"美丽中国"的国家旅游形象得到务实推广，中国入境旅游的发展模式有望实现由封闭型向开放型的全面转化。随着中国对外开放步伐的加快，中国旅游业的发展期待着以入境旅游为突破口启动新一轮的对外开放，国内外旅游市场的一体化进程将进一步加快，与国际市场、国际规则、国际水平也将进一步接轨。今后，中国老百姓兼容传统与时尚的生活方式将成为最强有力的旅游吸引物，会有越来越多的入境游客认识到：中国不仅是一个具有悠久历史的文明古国，而且是一个开放包容的现代化大国。

五、就市场竞争而言，更加便利的旅行服务和更好的旅行体验的重要性进一步上升

在全球化背景下，游客出行的尺度范围已远远超出国境（边境）的限制。各国各地区的竞争领域也从争夺境外客源市场逐步扩展到关系国际旅游发展的各方面综合服务与设施配套。近年来已有越来越多的国家和地区以强化海外宣传促销、签证便利化、购物免退税、航权开放、廉价航线、区域合作深化、多语种服务等各种方式全面深入参与国际旅游市场竞争与客源市场争夺。为了能从日趋激烈的国际旅游竞争中胜出，各国政府无不积极作为，中国也需应时而动积极作为。让入境游客收获更加便利的旅行服务和更高的旅行体验，将成为中国入境旅游下一阶段充分参与国际竞争的工作重点。

六、从发展趋势来看，2018年中国入境旅游有望持续稳步增长

从当前中国入境旅游市场的影响要素与结构状况综合来看，近期由于受到我国主要客源市场出境旅游市场波动的影响作用，以及国际社会外部环境的不确定性影响的加剧，导致2018年第一季度中国入境旅游市场增速相对平稳。基于中国入境旅游目前的发展趋势，并结合内外部环境综合研判，在不出现不可预测事件的情况下，预计全年中国入境旅游的市场规模有望实现1%左右的持续稳步增长，旅游外汇收入有望实现3%左右的持续稳步增长。

第二节　中国入境旅游发展的对策建议

一、围绕"美丽中国"整体旅游形象，包装好宣传好旅游推广对象

围绕"美丽中国"整体旅游形象，发挥各地资源优势，把具有竞争力的品牌和产品推向境外目标市场。包装好宣传好代表性强的特色旅游产品和精品旅游线路，推出一批二三线城市、特色小镇和田园综合体，主动宣介创意旅游产品，重点开发以"美丽中国"为核心支撑的精品旅游线路。在传统旅游资源的基础上加上一些体验式、生活性、创新型、主题式旅游产品的宣传。加大对以"厕所革命"为代表的旅游公共服务环境的提升力度，以及对于旅游便利化政策的宣传力度。同时，在宣传中要加入贴近真实生活的现实中国。

二、加强网络互动营销，构建"互联网+"的境外旅游宣传推广体系

发挥网络营销交互性优势，积极运用各类网站、自媒体、社交媒体等媒介，把握境外市场目标群体兴趣点，通过造势与借势，制造并引导公众话题，加强传播主体与客体的互动，引进GDS、在线旅游代理机构、网红营销、社交平台特效营销、直播（全景）营销等线上营销方式结合游客体验中心、新科技（虚拟现实、增强现实、混合现实）等线下营销方式，着力构建"互联网+"境外旅游宣传推广体系。

三、创新目的地宣传推广理念，将宣传推广工作延伸至旅游全过程

将目的地的旅游宣传从旅游景区景点的单一要素拓展至旅游公共服务信息、旅游便利化政策、旅游安全保障等一揽子信息的整合传递。鼓励全方位整合线上线下营销渠道，以社交媒体、外文官网作为宣传推广创新的重要载体和突破

口，提高目的地与游客的黏性、购买转化率，实现与游客的良性互动。推进在旅游公共服务场所配置或发放精品旅游产品、交通线路、住宿酒店、特色美食、特产购物、休闲娱乐等宣传材料，发挥好旅游服务中心的信息传递和游客引导作用。跟踪调查游客从目的地选择、到访直至整个行程中的旅游信息搜索渠道、对营销方式的感知，以及口碑宣传的可能性与制约瓶颈等突出问题，为后续旅游目的地宣传推广工作的优化升级提供市场支撑和依据。

四、充分挖掘大国旅游资源优势，打造国家精品旅游带和跨国精品旅游线路体系

依托线性的江、河、山等自然文化廊道和交通通道，串联重点旅游城市和特色旅游功能区。重点打造丝绸之路旅游带、长江国际黄金旅游带、黄河华夏文明旅游带、长城生态文化旅游带、京杭运河文化旅游带、长征红色记忆旅游带、海上丝绸之路旅游带、青藏铁路旅游带、藏羌彝文化旅游带、茶马古道生态文化旅游带等10条国家精品旅游带，加强对新产品、新业态和中西部地区旅游的推介力度。重点打造丝绸之路跨国旅游线路、海上丝绸之路跨国邮轮旅游线路、中蒙俄边境跨国旅游线路、环北部湾滨海跨国旅游圈、茶马古道跨国旅游线路等5条国家精品旅游带，加强对"一带一路"沿线国家和地区、沿边和沿海地区，以及中西部地区旅游的推介力度。

五、在地方和区域试点经验的基础上，持续深入推进签证便利化

进一步优化入境游客来华邮轮旅游、自驾游等便利化政策与通关服务。在确保国家总体安全的大局下，面向主要客源市场，特别是"一带一路"沿线国家和地区游客，扩大免签或落地签证的覆盖范围，依法扩大符合条件的口岸开展入境游客签证业务范围，在自贸区等改革试验区率先对免签、落地签证、电子签证等多种形式的签证政策措施进行突破。进一步取消外国人入境中国24小时内去公安部门报到的制度，提升旅游监管人性化程度，推出类似"APEC商务旅行卡"功能的"丝路卡"，促进沿线相关国家到中国观光旅行。针对不同类型的入境游客，实施差异化的签证政策。加强签证便利化政策措施的对外宣传

六、重视入境旅游不平衡不充分发展的突出问题，加强空中航线与旅游交通体系建设

配合过境免签政策，探索在部分重点入境旅游目的地开放第五航权。面向"一带一路"沿线国家与重点入境客源市场，积极扶持和培育直航航线航班。支持中西部地区和东北地区支线机场建设与廉价航空航线发展。结合航权开放与航线增设，开发针对国际市场的"一程多站"旅游产品。推动国际国内高速铁路网络联通，发展国际铁路旅游。提高中西部地区城市与景区、景区与景区间旅游交通的组织能力与服务质量。

七、进一步推广离境购物退税政策，扩展购物退税业务试点地区与城市

做好购物退税政策创新与试点实施的顶层设计与进一步推广。扩展购物退税业务试点地区与城市，特别是入境游客较为集中的口岸城市、滨海城市、边境城市、商贸城市，以及自由贸易试验区等。推进试点地区与城市的互联互通，结合当前实施的过境免签政策，向着"任一口岸买，任一口岸退"的更高目标迈进。加大对当前离境退税业务的宣传推广力度。推动购物退税的便利化配套措施。在退税商品中增加具有中国特色的中国品牌商品。

八、围绕"一带一路"倡议，搭建旅游合作共同体与城市旅游合作机制

倡议成立"一带一路"国家和地区旅游合作共同体，推动建立"一带一路"沿线旅游部长会议机制，定期举办旅游合作交流活动，增进"一带一路"沿线旅游合作共识，提升"一带一路"沿线的旅游合作水平，打造"一带一路"旅游品牌，开发一程多站旅游产品，丰富丝路旅游产品供给。探索建立"一带一路"沿线城市旅游合作机制，倡导成立"一带一路"沿线国际旅游城市推广平台，发挥节点城市的地缘优势和资源优势，加强节点城市之间的合作交流，推动沿线城市在旅游宣传推广、旅游产品和旅游线路开发、人才交流培训等方面的务实合作。加强市场合作，推动市场互换和客源互送；实现信息共享，加大

旅游统计领域合作。

九、促进边境旅游发展，推选一批"两区"建设的典型区域与口岸

基于地理位置及已有的经贸联系，推选跨境旅游合作区和边境旅游试验区（简称"两区"）建设的典型区域，总结管理方式、项目建设、利益分配等方面经验，形成示范效应，以点带面全面推进"两区"建设。围绕新亚欧大陆桥、中蒙俄、中国—中亚—西亚、中国—中南半岛、中巴、孟中印缅等"一带一路"国际经济走廊，重点推动中老磨憨—磨丁跨境旅游合作示范区、中缅瑞丽—木姐跨境旅游合作区和边境旅游试验区、中越德天—板约跨境旅游合作区、中越东兴—芒街跨境旅游合作区、中哈霍尔果斯跨境旅游合作区、中蒙二连浩特—东戈壁跨境旅游合作区、中朝图们—稳城跨境旅游合作区、中俄额尔古纳—贝加尔跨境旅游合作区、中俄绥芬河边境旅游试验区建设。

十、促进旅游产业深度融合，加大新业态市场主体培育

在全域旅游发展战略指导下，切实推动从封闭的旅游自循环向开放的"旅游+"融合发展方式转变。加强旅游与教育、农业、林业、工业、商贸、金融、文化、体育、医药、科技等产业的融合力度与深度，创新旅游业态。充分利用科技工程、科普场馆、科研设施等发展科技旅游，通过深化改革，联动和整合不同产业，形成新的产业形态和供给侧体系，深化入境旅游市场的供给侧改革。如"旅游+农业""旅游+工业""旅游+教育""旅游+文化"等，挖掘历史文化、地域特色文化、民族民俗文化、传统农耕文化等，提升传统工艺产品品质和旅游产品文化含量。依托各类社会资源，与相关产业的供给侧改革对接，积极培育更加多元的新型旅游市场主体。

后 记
POSTSCRIPT

呈现在大家面前的这本《中国入境旅游发展年度报告2018》是目前中国入境旅游市场研究领域数据观点最为权威、信息量最为丰富的年度性研究报告。本报告从2017年中国入境旅游市场发展的总体与结构状况、2017年全球视野下的中国入境旅游发展透视、2017年中国主要客源国的客源产出状况、2017年中国入境旅游的流向与路径、2017年中国入境旅游市场的需求状况，以及中国入境旅游的发展趋势与对策建议等方面综合展开。本报告旨在为境内外旅游主管部门、相关涉旅企业、旅游类高校和科研院所提供中国入境旅游市场更加全面深入的信息，为其宏观管理、战略判断、经营决策、教学科研、专题市场研究等提供参考借鉴。

入境旅游市场是衡量国家旅游业发展水平的关键指标因素，是我国从旅游大国迈向旅游强国的固本之基，在我国旅游业发展中的地位十分重要且突出。回顾改革开放以来的40年发展历程，中国入境旅游在推动旅游接待体系构建、服务水平提升，以及在树立国际形象、弘扬中华文化、促进中外文化交流等方面均发挥了巨大的作用。改革开放40年后的今天，站在新的历史起点上，入境旅游工作依然是文化旅游系统工作的重中之重。

雄关漫道真如铁，而今迈步从头越。正如本报告编委会主任戴斌院长在本报告序言中所言——回顾改革开放四十年来波澜壮阔的历史进程，入境旅游相伴始终，见证了时代变迁。入境旅游在经历了20世纪80年代的光辉岁月、90年代的成长壮大、进入21世纪后"非典"和金融危机的冲击后，2015年显现了筑底回升的迹象，当前终于迎来了复苏增长的新阶段。2017年我国接待入境游客约为1.39亿人次，同比增长0.8%，规模总量达到历史新高。其中，接待入境过夜游客6074万人次，同比增长2.5%，规模总量实现历史最高；接待外国游客约为2917万人次,同比增长3.6%,规模总量同样创下历史最高。且已有数据表明:"一带一路"沿线国家在我国入境旅游市场中的活跃度明显上升。

2017年12月原国家旅游局办公室印发《"十三五"外国人入境旅游市场发展规划》,明确提出了"国家旅游形象更加深入人心,海外宣传推广工作市场化有序推进,旅游网络营销全面展开,海外宣传推广绩效评估机制全面展开""旅游产品体系满足多元化需求,旅游目的地体系均衡发展。旅游服务对接国际标准,旅游市场秩序良性发展。新型市场主体效能提高,旅游企业获得感进一步提升""国际旅游合作全面展开,与'一带一路'沿线国家和地区的旅游互动进一步强化。便利化政策效应协同发挥,国际旅游竞争力持续提升"等一系列明确的发展目标,为入境旅游发展指明了总体方向与工作重心。

从旅游的本质来看,国际旅游是世界经济和社会发展的必然结果,集中体现了人们对外部世界和生活质量的更高要求和品质追求。在未来可以预见的时期内,跨境旅游活动和跨境旅游消费都将成为持续上扬的市场需求。一方面,由于国际旅游具有较强的持续生长能力和抵抗风险的能力,发展入境旅游在任何阶段和时期都不容忽视。另一方面,入境旅游发展不是简单地适应外部市场需求,而是满足市场现实需求、引发市场潜在需求和创造市场新需求的综合体现,这既是管理水平与服务水平不断提高的过程,也是发展质量与综合效益不断显现的过程。

《中国入境旅游发展年度报告2018》由中国旅游研究院戴斌院长带领编委会全体成员提出研究框架,经国际旅游研究所课题组全体成员讨论后形成了包括问卷设计、访谈提纲、调研组织、模型设计、数据统计与测试、结论研判、文稿编纂等一系列工作方案。课题组在对各入境旅游典型城市的地方旅游行政主管部门以及代表性入境旅游企业实地调研的基础上,结合市场抽样调查与境内外数据收集整理,经多轮修订终成此稿。

《中国入境旅游发展年度报告2018》的各章主要执笔人分工如下:导言,李创新、邓宇、周敏;第一章,李创新、邓宇;第二章,李创新、邓宇、周敏、拓倩、蔡凤;第三章,李创新、周敏、刘文春、乌日力嘎;第四章,李创新、周敏、谢文萱、岳正明;第五章,李创新、周敏。最后由李创新负责统稿。

书中数据如无特殊说明,均来自于中国旅游研究院的统计数据与市场抽样调查数据。

后 记
Postscript

尽管我们已经做了最大的努力，但无论在数据来源、研究方法、研究内容上，或在观点结论上本报告仍恐难免疏漏，我们虚心接受来自社会各界的建设性批评意见。

课题组

2018年5月18日